MENI

Let the World's People sing

Caned Pobl y Byd

فلندع شعوب العالم تغني

Arabic Translation: Rawan Sukkar and Lara Matta

H'MM
12th ANNIVERSARY

First published by the H'mm Foundation in 2025

ISBN: 978-0-9927560-3-1

Typeset and designed by Andy Dark
Cover photo by John Briggs

Printed in Wales by Gwasg Gomer,
Llandysul Enterprise Park,
Llandysul SA44 4JL

Published by the H'mm Foundation,
c/o Bevan Buckland LLP,
Ground Floor, Cardigan House,
Castle Court, Swansea Enterprise Park,
Swansea SA7 9LA

Argraffiad cyntaf gan yr H'mm Foundation, 2025

ISBN: 978-0-9927560-3-1

Cynllunio a Chysodi gan Andy Dark
Llun clawr gan John Briggs

Argraffwyd yng Nghymru gan Wasg Gomer,
Parc Busnes Llandysul
Llandysul SA44 4JL

Cyhoeddwyd gan yr 'H'mm Foundation,
d/o Bevan Buckland LLP,
Llawr Gwaelod, Tŷ Aberteifi,
Castle Court, Parc Busnes Abertawe,
Abertawe S47 9LA

نُشرت لأول مرة عن مؤسسة هِم عام 2025

الرقم المعياري الدولي للكتاب: 9780992756031

الطباعة والتصميم بواسطة آندي دارك

صورة الغلاف: جوهن برجز

تمت الطباعة في ويلز بواسطة گواسك گومر،

منتزه خلانديسيل للأعمال،

خلانديسيل SA44 4JL

تم النشر عن مؤسسة هِم،
عناية بيفان باكلاند LLP،
الطابق الأرضي، كاردگان هاوس،
قصر كورت، منتزه سوانزي للأعمال،
سوانزي SA7 9LA

Contents/Cynnwys/المحتويات

Foreword

Menna Elfyn and Ali Anwar

This collection emerged from voyaging through many shores: Wales, Syria, Lebanon, Iraq on its journey across many bridges. The original Welsh poems were rendered into English and subsequently crossed another bridge; that of Arabic. From existing poems in dual text in Welsh and English, this delicate rendering of Arabic was made possible by two esteemed writers Rawan Sukkar and Lara Matta who are both Arabic speakers. This unique collaboration is the culmination of a vision of a world where cultures share a common vision through translation.

Here both Rawan and Lara share a passion in voicing anew poems through the prism of their own mother tongue. This renewed 'owning' of poems adopts a sense of kindred spirit when both poet and translator become siblings in a blended family of world poetry.

'*Let the World's People Sing*' is indeed a clarion call for people of all languages to respect their neighbours' 'mother tongue' with a whimsical dream of people learning one another's language in order to reach harmony between nations. This poem is a cry of hope in understanding ourselves even in the midst of uncertainty. It also suggests that when one embarks on a new language one becomes 'time free again' and that double edged word for learning a new language turns the learner into a childlike state of innocence. With each new language, we are remaking the world through new ways of being. The essence of the poem which lends its title for the collection is that learning the language of their neighbours' land would enrich humanity.

The esteemed Iraqi poet Dunya Mikhail[1] in a poem '*A Second Life*' proclaims that 'we learn a new language, but need a second life, to practice it'. In some ways, these poems too have a second life of their own as they travel unaccompanied by the poet alongside two fine translators. All of these poems have previously been published by Menna Elfyn in Welsh and English collections by Bloodaxe Books.[2]

And just as Dunya Mikhail '*The Stranger in her feminine sign*' poetry collection manages to tie together a circle with two dots above it in the Arabic suffix *taa-marbuta* indicating a feminine word or sign, this tied circle transforms into the moon, a stone that binds friendship. Likewise, two translators who live far from each other become close neighbours in the pursuit of poetry's domain.

Both Welsh and Arabic have long histories. Welsh is the descendant of the Celtic language spoken in Britain, before the Angles, Saxons and Jutes started to invade the country, from the fifth century. Although only a minority of the population are bilingual in Welsh and English it is now an official language in Wales alongside English. Its resilience is also remarkable and is considered to be one of the few minority languages that has succeeded to be vibrant in all walks of life in Wales. 'This realm is an empire'[3] was declared in 1536, by the English throne as an attempt to eradicate Welsh and yet it is one of the oldest languages in Europe with a recorded literature dating back to the sixth century. The language and literature of Welsh continues to surprise and delight as a beacon of hope to other endangered languages.

Arabic is of course one of the most powerful languages, with its many dialects; Syrian, Lebanese, Iraqi, Egyptian, Moroccan, Saadian. It is spoken by around 422 million people making it one of the five most spoken languages in the world and its richness in literature is second to none. It is the tongue of the Holy Qur'an. Therefore to recreate poems from Welsh into Arabic, is indeed another language-revered. How beautifully refreshing to see Welsh poetry celebrated in Arabic, the language of 'Alif Laila Wa Laila' – The Arabian Nights.

There is a Welsh proverb from the Mabinogi tales of King Bendigeidfran[4], the king of Britain, going to rescue his sister Branwen from Ireland by making his back a bridge for his men to cross over the sea to Ireland. '*A fo ben bid bont*' is the saying which means – 'let the one who wishes to lead be a bridge'. It is also true of poets writing today that they desire to lead through the crossing of borders, declaiming their poetry and reaching other shores, singing the world alive.

If 'life is a foreign language; which we all mispronounce'[5] then this volume interweaves two very different languages from West to East accompanied by English as its iron bridge. A celebration indeed of poetry as a guiding light of our shared humanity. *Cynghanedd*, a Welsh word for harmony which is also a way of writing poetry is reverberated with the inner rhythm of Arabic verse, *Tanagom*.

When Dostoyevsky[6] said 'everyone needs a home, a somewhere they can go', we would like to think that poetry is a home with a door which opens and a place one can return to, whenever lonely, abandoned or bereft. This collection will allow the reader to enter, to dream, to feel free to shout aloud or be still, in solitude. This indeed is the illumination of a world worth living for.

1. Dunya Mikhail (1965-)
   Iraqi American poet is the author of numerous poetry collections including '*In Her Feminine Sign*' (New Directions, 2019), which was chosen as one of the ten best poetry books of 2019 by The New York Public Library. Awards includes: United Nations Human Rights Award for Freedom of Writing.

2. Bloodaxe Books
   Many of these poems found a home in the the collections published by Bloodaxe in Welsh/ English and with another due in 2025. The title of this book lends itself to a poem Menna Elfyn published in a Bloodaxe collection in Perfect Blemish. *Perffaith Nam* (2007) 'Let the world's people shout'.

3. Henry VIII the king of England (1509-47)
   In 1536, Henry VIII decided to pass the Act of Union, prohibiting the use of Welsh in public administration and the legal system

4. King Bendigeidfran;
   The Four Branches of the Mabinogion – 'Branwen Daughter of Llŷr'.
   Mabinogion;
   The most notable and celebrated earliest collection of prose text in the Welsh Language. The earliest copy of those Middle Welsh tales are found in the following manuscripts: The White Book of Rhydderch. Written in the middle of the fourteenth century (ca. 1350) National Library of Wales, Aberystwyth. The Red Book of Hergest, copied between 1382 and c. 1400, now MS Jesus College 111, in the Bodleian Library, Oxford.

5. Christopher Morley (1890-1957)
   American journalist, novelist, essayist and poet.

6. Dostoyevsky (1821-1881)
   One of the most influential western novelists of the nineteenth century. Most famous for the novels Crime and Punishment and The Brothers Karamazov. He was a prolific writer who composed novellas, short stories and edited magazines.

Rhagair

Menna Elfyn ac Ali Anwar
Cyfieithiad Ant Evans

Daeth y casgliad hwn i fodolaeth wrth deithio dros foroedd: Cymru, Syria, Libanus ac Irac a thu hwnt gan groesi nifer o bontydd.

Yn sgil cyfieithu'r cerddi Cymraeg i'r Saesneg, o ganlyniad, gwelwyd croesi pont arall i'r Arabeg. Gwnaed hyn o'r cerddi gwreiddiol yn Gymraeg a Saesneg yn ddeheuig gan ddau awdur o fri, Rawan Sukkar a Lara Matta sydd â'r Arabeg yn famiaith iddynt. Penllanw gweledigaeth arbennig felly yw'r gyfrol hon o weld diwylliannau'n asio â'i gilydd, diolch i'r gelfyddyd o gyfieithu.

Yn y gyfrol hon, mae Rawan a Lara yn rhannu angerdd eu lleisiau newydd yn eu mamiaith. Mae'r 'ail-berchnogi' yma o'r cerddi yn mabwysiadu'r syniad o undod, gyda'r bardd a'r cyfieithydd yn perthyn i'r un teulu drwy blethu ynghyd farddoniaeth sy'n fyd-eang.

Mae *Caned Pobl y Byd* yn alwad i ddeffro siaradwyr pob iaith i barchu 'mamiaith' eu cymdogion drwy freuddwydio i bobloedd ddysgu ieithoedd ei gilydd er mwyn sicrhau cytgord rhwng cenhedloedd. Cri o obaith ydi'r gerdd (a'r gân) y down i ddeall ein gilydd wedyn, hyd yn oed yng nghanol môr o ansicrwydd. Awgryma hefyd y bydd rhywun o ddysgu iaith arall yn "rhydd o fyd amser" eto ac yn ymdrochi'r dysgwr mewn diniweidrwydd plentynnaidd. Gyda phob iaith newydd, rydym yn ail-greu'r byd a hynny drwy ffyrdd newydd o fodoli. Hanfod y gerdd a theitl y casgliad hwn yw'r gred y byddai dysgu iaith ein cymdogion yn cyfoethogi'r ddynol ryw.

Mae'r bardd nodedig o Irac, Dunya Mikhail[1] yn y gerdd 'Ail Fywyd' yn datgan "rydym yn dysgu iaith newydd, ond mae angen bywyd arall arnom er mwyn ei hymarfer". Mewn sawl ffordd, mae gan y cerddi yma hefyd ail fywyd wrth iddynt deithio yn bell o'r bardd yng nghwmni dau gyfieithydd celfydd. Fel y nodwyd eisoes, cyhoeddwyd cerddi Cymraeg a Saesneg Menna Elfyn yn wreiddiol gan wasg Bloodaxe.[2]

Ac yn union fel y bu i farddoniaeth Dunya Mikhail "Y dieithryn yn ei harwydd benywaidd" lwyddo i glymu ynghyd gylch gyda dwy ddot uwch ei ben, yn yr ôl-ddodiad Arabeg *taa-marbuta*, sydd yn cyfleu arwydd neu air benywaidd, mae'r cylch clwm hwn yn trawsffurfio i mewn i'r lloer, yn garreg sydd yn clymu cyfeillgarwch. Yn yr un modd, dyma ddau gyfieithydd sydd yn byw yn bell oddi wrth ei gilydd ac eto'n dod yn gymdogion agos yng nghyswllt y byd barddol.

Mae hanes hir gan Arabeg a Chymraeg fel ei gilydd. Mae'r Gymraeg yn ddisgynnydd i'r iaith Geltaidd a siaradwyd ym Mhrydain cyn dyfodiaid yr Angliaid, Sacsoniaid a'r Jiwtiaid yn y bumed ganrif. Er mai dim ond lleiafrif o'r boblogaeth sydd yn ddwyieithog yn Gymraeg a Saesneg, mae'r Gymraeg bellach yn iaith swyddogol ar y cyd â Saesneg.

Mae parhad yr iaith yn rhyfeddol, ac mae'n cael ei hystyried yn un o'r ychydig ieithoedd lleiafrifol sydd wedi llwyddo i fod yn hyfyw ym mhob agwedd o fywyd yng Nghymru. "Ymerodraeth yw'r deyrnas hon"[3] oedd datganiad Harri VIII yn 1536 mewn ymdrech i ladd y Gymraeg, ond eto dyma hi, un o ieithoedd hynaf Ewrop gyda'i llenyddiaeth yn ymestyn yn ôl i'r chweched ganrif. Mae iaith a llenyddiaeth Gymraeg yn parhau i synnu a llonni, fel arwydd o obaith ar gyfer ieithoedd lleiafrifol eraill.

Mae Arabeg wrth gwrs yn un o'r ieithoedd mwyaf pwerus sy'n bodoli, gyda'i thafodieithoedd niferus o Syria, Libanus, Irac, Yr Aifft, Moroceg, Saadieg. Caiff Arabeg ei siarad gan 422 miliwn o bobl ac mae ei chyfoeth llenyddol heb ei hail. Hi hefyd yw iaith y Qur'an Sanctaidd. Felly, mae trosi cerddi o'r Gymraeg i'r Arabeg yn wirioneddol drysoredig. Mor iachusol o hyfryd yw gweld barddoniaeth Gymraeg yn cael ei dathlu yn Arabeg, sef iaith 'Alif Laila Wa Laila' – Y Nosweithiau Arabaidd.

'A fo ben bid bont,' yw'r dyfyniad cyfarwydd o chwedl Branwen ferch Llŷr.[4] Mae hyn yn sylw addas hefyd ar gyfer beirdd sydd yn barddoni heddiw, gan eu bod yn awyddus i arwain drwy groesi ffiniau, datgan eu barddoniaeth a chyrraedd glannau eraill drwy seinio'u cerddi.

Os gwir yr ymadrodd mai 'iaith estron rydym oll yn ei chamynganu yw bywyd'[5] yna mae'r gyfrol hon yn plethu dwy iaith wahanol o'r Gorllewin a'r Dwyrain, gan ddefnyddio'r Saesneg megis pont. Gall barddoniaeth felly fod yn ganllawiau a rannwn â'r ddynoliaeth. Mae cynghanedd hefyd yn atseinio i rythmau mewnol barddoniaeth Arabeg, sef Tanagom.

Pan ddywedodd Dostoyevsky[6] "mae pawb angen cartref, rhywle y gallent fynd iddo" hoffem feddwl mai cartref yw barddoniaeth gyda'i drws yn agored, a man y gall rhywun ddychwelyd iddo, boed yn teimlo'n unig neu'n amddifad. Mi fydd y casgliad hwn yn caniatáu iddynt fynd i mewn, i freuddwydio, i deimlo'n rhydd i weiddi neu i fod yn llonydd mewn unigedd. Yn wir, dyma lusern a llewyrch o fyd sydd yn werth byw er ei fwyn.

1. Dunya Mikhail (1965-)
   Bardd Americanaidd o dras Iraci, sydd wedi ysgrifennu sawl casgliad o farddoniaeth, gan gynnwys "In Her Feminine Sign" (New Directions 2019) cafodd ei dewis fel un o'r deg cyfrol o farddoniaeth gorau yn 2019 gan Lyfrgell Gyhoeddus Efrog Newydd. Gwobrwyon yn cynnwys: Gwobr Hawliau Dynol y Cenhedloedd Unedig ar gyfer Rhyddid Ysgrifennu.

2. Bloodaxe Books
   Cyhoeddwyd nifer o'r cerddi yma gan Bloodaxe yn Gymraeg/Saesneg, Caiff casgliad newydd 'Parch' ei gyhoeddi yn 2025 gan Bloodaxe. Mae teitl y gyfrol hon yn adleisio cerdd gan Menna Elfyn, Perfect Blemish. *Perffaith Nam* (2007) 'Bloedd i bobl y byd'.

3. Harri VIII Brenin Lloegr (1509-47)
   Yn 1536 pasiwyd y Deddfau Uno gan Harri VIII, a oedd yn gwahardd defnydd o'r iaith Gymraeg yn weinyddiaeth gyhoeddus a'r system gyfreithiol

4. Bendigeidfran;
   Pedair Cainc y Mabinogi – 'Branwen ferch Llŷr'.
   Mabinogion;
   Dyma'r casgliad mwyaf enwog a chynharaf o ryddiaith yn yr iaith Gymraeg. Ceir y copïau cynharaf o'r chwedlau Cymraeg Canol yma yn y llawysgrifau canlynol: Llyfr Gwyn Rhydderch, ysgrifennwyd yn y bedwaredd ganrif ar ddeg (oddeutu 1350) sydd bellach wedi ei leoli yn Llyfrgell Genedlaethol Cymru a Llyfr Coch Hergest. Cafodd ei gopïo rhwng 1382 ac oddeutu 1400, sydd erbyn hyn wedi'i leoli yn Llyfrgell Bodleian, Coleg yr Iesu, Rhydychen.

5. Christopher Morley (1890-1957)
   Newyddiadurwr, nofelydd, traethodwr a bardd Americanaidd.

6. Dostoyevsky (1821-1881)
   Un o'r nofelwyr gorllewinol mwyaf dylanwadol y bedwaredd ganrif ar bymtheg. Awdur "Crime and Punishment" a "The Brothers Karamazov". Awdur toreithiog oedd wedi ysgrifennu nofelau, straeon byr, a golygydd cylchgronau.

مقدمة

مِينّا إلفِنْ وعلي أنور

ترجمة روان سكر

ظهرت هذه المجموعة الشـعرية كنتاج لرحلات متشـعبة عبر شـواطئ متعددة: من ويلز إلى سوريا ولبنان والعراق، حيث عبرت القصائدُ جسورًا عديدة.

تمَّتْ ترجمة القصائد الويلزية الأصلية إلى الإنجليزية، لتشق طريقها مرة أخرى عبر جسر اللغة العربية. ولولا القصائد التي وُجدت أصلًا باللغتين الويلزية والإنجليزية، لما أمكن لهذه الترجمة الدقيقة إلى العربية أن تُبصر النور، وهذا بفضل كاتبتين مرموقتين؛ روان سكر ولارا متّى، وهما من المتحدثات الأصليات بالعربية. ويأتي هذا التعاون الفريد تتويجًا لرؤية لعالم تتقاسم فيه الثقافات رؤية مشتركة من خلال الترجمة.

في هذا السياق، تتَّحد روان ولارا في شغفهما العميق بإحياء القصائد من خلال عدسة لغتهما الأم. هذا "الاستحواذ" المتجدد على القصائد يتبنى شعورًا بالقرابة الروحية، إذ يُصبح الشاعر والمترجمون أشقاء في عائلة شعرية عالمية متجانسة.

"فلندع شعوب العالم تغني" هي نداء صريح إلى البشرية جمعاء، بلغاتها المتعددة، لاحترام لغات الجيران، حاملة حلمًا طريفًا بأن تتعلم الشعوبُ لغات بعضها البعض من أجل تحقيق الوئام بين الأمم. إنها صرخة أمل ودعوة لفهم أنفسنا حتى في خضم عدم اليقين. كما تقترح أن تعلُّمَ لغة جديدة يُعيدنا إلى حالةٍ من البراءة الطفولية، حيث نتحرر من قيود الزمن. ومع كل لغة جديدة نُعيد صياغة العالم بطرق جديدة للوجود. جوهر القصيدة التي تَستلهم منها المجموعةُ عنوانها، يكمن في أن تعلم لغة الجيران يُثري البشرية.

تعلن الشاعرة العراقية اللامعة دنيا ميخائيل[1] في قصيدتها "حياة ثانية" أننا "نتعلم لغة جديدة، لكننا نحتاج إلى حياة ثانية لممارستها". وفي بعض الجوانب، تحمل هذه القصائد حياة ثانية أيضًا، إذ تسافر بعيدًا عن شاعرتها، لتُصبح رفيقة مترجمَتين ماهرَتين في رحلتهما. نُشرت هذه القصائد سابقًا في مجموعات شعرية من قِبل مِينّا إلفِنْ، باللغتين الويلزية والإنجليزية، عن دار "بلوداكس بوكس"[2].

وكما ينجح ديوان دنيا ميخائيل "الغريبة في برجها الأنثوي" في رسم دائرة تعلوها نقطتان لتمثيل التاء المربوطة الدالة على التأنيث، فإن هذه الدائرة تتحول إلى قمر وحجر يوثق الصداقة. وعلى نحو مماثل، فإن المترجمتين، رغم بُعد المسافات بينهما، تقتربان لتُصبحا جارتي السعي في مملكة الشعر.

كل من الويلزية والعربية تحملان إرثًا عريقًا يمتد عبر الزمن. فالويلزية سليلة اللغة السلتية التي كانت متداولة على ألسنة الناس في بريطانيا قبل أن يبدأ الأنجلز والسكسونيون والجوت في غزو البلاد منذ القرن الخامس. ورغم أن نسبة ضئيلة من السكان يجيدون اللغتين الويلزية والإنجليزية معًا، إلا أن الويلزية أصبحت اليوم لغة رسمية في ويلز إلى جانب الإنجليزية. كما أن صمودها استثنائي، إذ تعد واحدة من القلائل بين لغات الأقليات التي نجحت في الحفاظ على حيويتها في مناحي الحياة هناك. وقد أعلن العرش الإنجليزي "هذه المملكة إمبراطورية"[3] عام 1536، في محاولة لطمس الهوية اللغوية الويلزية، لكنها ظلت من أقدم اللغات الأوربية، بتراث أدبي مُسجَّل يعود تاريخه إلى القرن السادس. ولايزال الأدب الويلزي ولغته مصدر دهشة وسعادة ومنارة أمل للغات الأخرى المهددة بالاندثار.

أما العربية، فبلا شك واحدة من أقوى اللغات، بلهجاتها المتعددة؛ السورية واللبنانية والعراقية والمصرية والمغربية والسعودية وغيرها. يتحدث بها قرابة 422 مليون شخص، مما يجعلها من بين أكثر خمس لغات محكية في العالم. وغِناها الأدبي لا مثيل له، فهي لغة القرآن الكريم. وما ترجمة الشعر الويلزي إلى العربية إلا إحياءً جليلًا للغة باذخة. يا له من مشهد مبهج أن نرى الشعر الويلزي يُحتفى به بالعربية، لغة "ألف ليلة وليلة."

يقول المثل الويلزي: "من أراد أن يكون قائدًا، فليكن جسرًا"، وهو ما تم استلهامه من حكايات "المابينوگي"، عن قصة بنديگايدفران[4]، ملك بريطانيا، حيث بسط ظهره جسرًا لجنوده لعبور البحر وإنقاذ شقيقته برانْوين من أيرلندا. ينطبق ذلك على الشعراء المعاصرين الراغبين في القيادة عبر اجتياز الحدود، فيحملون قصائدهم إلى شواطئ جديدة، ويغنون للحياة، ويبعثون في العالم نبضًا متجددًا.

وإذا كانت "الحياة لغة أجنبية، ننطقها جميعًا بشكل خاطئ"[5]، فإن هذا الكتاب ينسج خيوط لغتين متباعدتين تمامًا، تمتدان بين الغرب والشرق، وتصل بينهما الإنجليزية كجسر حديدي. إنه احتفاء بالشعر بوصفه نورًا هاديًا لإنسانيتنا المشتركة. والكلمة الويلزية "Cynghanedd" في دلالتها على الانسجام تمثل أسلوبًا شعريًا، وتجد صداها في الإيقاع الداخلي للشعر العربي، حيث التناغم.

وعندما قال دوستويفسكي[6]: "يحتاج المرء إلى وطن؛ مكان يلجأ إليه"، نود أن نرى في الشعر وطنًا بابه مفتوح، وملاذًا يلجأ إليه المرء حال شعوره بالوحدة أوالهجران أوالفقدان. ستفتح هذه المجموعة الشعرية أبوابها للقارئ، ليحلم ويتحرر من القيود بالصراخ أو الصمت في عزلة. إنها بالفعل إشراقة لعالم يستحق أن نعيش من أجله.

[1] **دنيا ميخائيل (1965-)**
شاعرة عراقية أمريكية، تتضمن أعمالها العديد من المجموعات الشعرية بما في ذلك "في برجها الأنثوي" (اتجاهات جديدة، 2019)، والذي اختيرضمن أفضل عشرة كتب شعرية لعام 2019 من قبل مكتبة نيويورك العامة. تشمل الجوائز: جائزة الأمم المتحدة لحقوق الإنسان لحرية الكتابة.

[2] **كتب بلوداكس**
وجدت العديد من هذه القصائد موطنًا لها في المجموعات التي نشرتها بلوداكس بالويلزية والإنجليزية، ومن المقرر صدور مجموعة أخرى في عام 2025. عنوان هذا الكتاب يناسب قصيدة مِنّا إلفِنْ التي نُشرت في مجموعة بلوداكس في بيرفيكت بليمش. بيرفيذ نام (2007) "دع شعوب العالم تهتف".

[3] **هنري الثامن ملك إنجلترا (1509-1547)**
في عام 1536، قرر هنري الثامن إقرار قانون الاتحاد الذي يحظر استخدام اللغة الويلزية في الإدارة العامة والنظام القانوني.

[4] **الملك بينديگايدفران**
الفروع الأربعة للمابينوگي - "برانْوين ابنة خْلير".
المابينوگي

المجموعة الأقدم من النصوص النثرية بالويلزية هي الأكثر شهرة واحتفاءً. توجد أقدم نسخة من تلك الحكايات الويلزية الوسطى في المخطوطات التالية: الكتاب الأبيض لرهيذرخ، والذي كُتب في منتصف القرن الرابع عشر (حوالي عام 1350) المكتبة الوطنية في ويلز، أبيريستويث. الكتاب الأحمر لهيرگيست، نُسخ بين عامي 1382 و1400 تقريبًا، وهو الآن مخطوطة كلية جيسوس رقم 111، في مكتبة بودليان، أكسفورد.

[5] **كريستوفر مورلي (1890 - 1957)**
صحفي وروائي وكاتب مقالات وشاعر أمريكي.

[6] **دوستويفسكي (1821-1881)**
أحد أكثر الروائيين الغربيين تأثيرًا في القرن التاسع عشر. اشتُهر بروايتيه الجريمة والعقاب و الإخوة كارامازوف. كان كاتبًا غزير الإنتاج. ألف الروايات والقصص القصيرة، وحرر مجلات.

Growth rings
Dod i'w coed
حلقاتُ النُّمو

Cerdd Gymraeg: Menna Elfyn
Arabic Translation/ Cyfieithiad Arabeg/ الترجمة العربية: Rawan Sukkar
English Translation/ Cyfieithiad Saesneg/ الترجمة الانجليزية: Damian Walford Davies
First Published/ Cyhoeddiad cyntaf/ نشر لأول مرة: Murmur, Bloodaxe Books (2012)

Growth rings

See how kids bloom
in the care of trees.
Out of brown and green
grow metaphors:

a bole is a boat
that bears them over a burn;

a branch is a gangplank
for storming a deck;

the rug of ramsons
is a fizzy sea; nettles
list in a rasp of wind.

Compassionate,
boughs bend to mend
a fall, draw balm
for the burn of bark.

Out of a cut comes
blood. Into the groove
the girl walks
out of the grove.

Metaphors return
to being
trees:

things to blunt
our razor minds against.

Dod i'w coed

O, fel y câr y coed blant bychain.
Eu glasenwi wnant;
cangen yw'r 'llong'
sy'n eu cario dros nant;
'grisiau' tal yn cyrraedd dec,
a'r môr islaw yw dail y craf,
croesdon danadl sy'n anadlu'r wig.
Cymydog yw ambell frigyn,
yn codi un wedi'r codwm,
gwneud rhasal o eli o'r rhisgl.

Brath a briw wedyn,
daw'r dyfod i oed.
Rhaid wedi'r cyfan
roi coed yn eu lle:
hogfaen llon
a'r llif mewn llaw.

حلقاتُ النُّمو

أبصِر كيفَ يتفتحُ الأطفالُ
بعنايةِ الأشجار.
وكيف تتفشّى الاستعارات
من البنيِّ والأخضرِ:

الجذعُ مركَّبٌ
يحملُهُم على التَّوهُّجِ؛

والفرعُ معبرٌ
لاقتحامِ السَّفينةِ؛

بساطُ الثُّومِ البرّيِّ
بحرٌ فوّارٌ؛ والقُرّاصُ
ينحشرُ في مبردِ الرِّيحِ.

وبرحمةٍ،
تنحني الأغصانُ لرتقِ التَّداعي،
لتستلَّ بلسماً لتكوي اللِّحاءَ.

من التَّقَرُّحاتِ تسيلُ الدِّماءُ.
وفي الأخاديدِ تخطو الصَّبيَّةُ
راغبةً عن المرجِ.

ترتدُّ الاستعاراتُ
إلى كينونةِ الأشجارِ:

وبالمقابلِ
تفري العوارضُ بصيرتَنا النّافذةَ.

Ghazal loss
Ghazal colli
غزل فقد

Cerdd Gymraeg: Menna Elfyn
Arabic Translation/ Cyfieithiad Arabeg/ الترجمة العربية: Rawan Sukkar
English Translation/ Cyfieithiad Saesneg/ الترجمة الانجليزية: Elin ap Hywel
First Published/ Cyhoeddiad cyntaf/ نشر لأول مرة: Murmur, Bloodaxe Books (2012)

Ghazal loss

My friend like a flower, be gentle at the altar
of this tearful stone chiselled from marble.

Companion of earth, spread wide your table
in your new dwelling with its gateway of marble.

Generous giver, wrap yourself in each season
as the wind and rain stain the gleam of the marble.

My twin slowly fading, no more than a breath
between you and stones which are are nothing but marble?

Ghazal colli

Gyfaill o laswellt, bydd dirion wrth allor
un garreg alarus, a wnaed o farmor.

Gwmnïwr o bridd, bydd dithau'n gysur
i'r annedd newydd â'i dôr o farmor.

Betalau o roddwr, cymer ofal ym mhob tymor
wrth i'r tywydd mawr ddifa sawr y marmor.

Farwor o efaill, poeth awel sy'n murmur
yn y meini – nid meirw dan farmor.

غزل فقد

يا صديقي مثلَ زهرة،
كنْ رقيقاً عند مذبح هذا الحجرِ الباكي
المنحوتِ من الرُّخام.

يا رفيقَ الأرضِ،
مُدَّ مائدتكَ
في مأواكَ الجديد ببوابة من الرُّخام.

يا أيَّها الواهبُ الكريمُ،
تدثّر في كلِّ موسمٍ
حيثُ الرِّياح والمطرُ صبغا بريقَ الرُّخام.

توأمي يخبو بإبطاءٍ،
وليس إلا النفَس
بينكَ وبين حجارةٍ مصنوعةٍ بالكادِ من الرُّخام.

Let the world's people shout
Bloedd i bobloedd byd
فلندع شعوب العالم تصرخ

Cerdd Gymraeg: Menna Elfyn
Arabic Translation/ Cyfieithiad Arabeg/ الترجمة العربية: Lara Matta
English Translation/ Cyfieithiad Saesneg/ الترجمة الانجليزية: Joseph P. Clancy
First Published/ Cyhoeddiad cyntaf/ نشر لأول مرة: Perffaith Nam/ Perfect Blemish, Bloodaxe Books (2007)

Let the world's people shout

Have you noticed how time-free a person is
When approaching a new language?
Yes, you stumble over consonants,
Postpone vowels,
Encumbered with all the armour of your longing
For the conquest of expression.
And yes, your tongue is like
A baby bumping along on its bottom.

Well then, let each of the world's peoples learn
The excommunicated language of its neighbour,
Yes, creep and crouch in corners,
Lose sleep in messing it up,
Since this is how tenses will be deleted,
The past will not come fluently on the tongue.
The language of today will stay. It will sue for peace,
Pull down all the barbed-wire verbs.
The imperfect will never be so perfect
As when it ceases to exist.

And cleft, split and rupture will be
Made whole in the open mouth.
Each new learner will have the memory
Of correcting constructions,
Picking up one's bed, rectifying speech.

There will be no time for spreading hatred,
Since the tribes will be overcome
By the riches of all the founding stones-

And through the babies in Babel
A yoke will be raised, a United Languages heal
In freeing oneself, freeing in sowing the seed.

Bloedd i bobloedd byd

A sylwoch mor ddiamser
yw dyn wrth ddod at iaith newydd?
Bydd, fe fydd yn baglu dros gytseiniaid,
yn gohirio llafariaid,
yn gwisgo holl arfogaeth ei ddyhead
am fuddugoliaeth dros fynegiant.
A bydd, fe fydd ei dafod
fel baban ar ei ben ôl.

Felly, bydded i bob un o genhedloedd byd
ddysgu iaith esgymun ei gymydog.
Ie, cropian a chwrian mewn corneli,
colli cwsg wrth ei thrwsglo;
cans fel hyn y daw dileu yr amserau.
Ni ddaw'r gorffennol yn rhwydd ar dafod.
Erys iaith heddiw. Bydd yn ddeiseb hedd–
gan dynnu i lawr yr holl ferfau pigog;
ni fydd yr amherffaith mor berffaith
â phan nad yw.

A bydd agen, hollt a rhwyg
yn cael eu cyfannu'n y geg agored.
Pob newydd ddysgwr â chof
am gyweirio cystrawennau,
'cyfod o'i wely, unioni llef.

Ni fydd amser i ledu llid,
cans bydd llwythau wedi eu llethu
â chyfoeth yr holl gerrig arloesi.

A thrwy'r babanod yn Babel bydd iau
wedi ei chodi a'r Uniaith yn iachau
wrth ymryddhau, rhyddhau wrth hau.

فلندع شعوب العالم تصرخ

هَلْ لَاحَظْتَ مِقدَارَ وَقتِ الفَرَاغِ الذي يَتَمَتَّعُ به الشّخصُ
عندَ إقبَالِهِ على تعلُّمِ لُغَةٍ جَدِيدة؟
نَعَمْ، أنتَ تَتَعَثّرُ في الحروفِ السّاكِنَة، وتَتَجاوزُ حُرُوفَ العِلّة،
مُثقَلًا بِكُلِّ دُرُوعِ شَغَفِكَ لِخَوْضِ غمارالتعـبير.
وأجل، إن لِسَانَكَ يَحـْرُكُ في فَمِكَ، كَمِثلِ طِفلٍ يَحبُو.
حسنًا إذن، فَلْنَدَع كُلَّ شعبٍ من شَعوبِ العَالَمِ يَتَعَلّمُ لُغَةَ جَارِهِ المَحظورَة،
وليقدموا على الحَبْوِ والحَرَنَ في الزّوَايَا، وليقضّ القَلَقِ والسُّهَاد مضاجعهم.
لأن هذِهِ هِيَ الطـَّرِيقَةُ التي سَيَتِمُّ بِهَا حَذفُ الأزْمِنَة،
والمَاضِي لَنْ يَأتِيَ عَلَى اللّسَانِ بِطَلاقَة.
فَلُغَةُ اليَوْمِ سَتَبـْقَى
وسَوْفَ تُطَالِبُ بالسّلامِ،
وتُسْقِطُ كُلَّ الأفعالِ وأسلاكِها الشائِكَة.
وبَعـدُ،
لن يَبـْلُغَ النَّاقِصُ الكَمَالَ
إلّا مَتَى كَفَّ عَنِ التّوَاجُد،
وسوف تلتئمُ الشَقوقُ في الفَمِ المَفتوح،
فَكُلِّ مُتَعَلّمٍ جَديدٍ سَيَكُونُ لَدَيْهِ الذّاكِرَةُ اللّازِمَةُ
لإصـْلاحِ الإنـْشَاءَاتِ،
ورَفـْعِ سَرِيرِهِ، وتَصحِيحِ كَلامِه.
لَنْ يعودَ هناك وقتٌ لِـنَـشْرِ الكراهية،
حَيْثُ سَتُهـْزَمُ القَبَائِلُ بِـثَرَواتِ كُلِّ الحِجَارَةِ التأسيسيّة،
ومن خلال أطفالِ بَابِلَ، سَيَتِمُّ رَفـْعُ النـّيرِ،
واللّغَاتُ المُـتّحِدَةُ سَتَبـْرَأُ عندَ تَحـْرِيرِ ذاتِهَا
عَبر نـثـرِ البُذُور.

A door in Epynt
Drws yn Epynt
بابٌ في إبينت

Cerdd Gymraeg: Menna Elfyn
Arabic Translation/ Cyfieithiad Arabeg/ الترجمه العربيه: Lara Matta
English Translation/ Cyfieithiad Saesneg/ الترجمة الانجليزية: Elin ap Hywel
First Published/ Cyhoeddiad cyntaf/ نشر لأول مرة: Murmur, Bloodaxe Books (2012)

(A mountain community was forced to leave their homes in 1940 for an army training range. Before leaving Epynt, one woman asked if she could take her door with her.)
(Gorfodwyd cymuned gyfan i adael eu cartrefi yn 1940 ar gyfer ei droi yn fan ymarfer ar gyfer y rhyfel. Cyn gadael gofynnodd un wraig i swyddog o'r fyddin a allai gadw ei drws.)

(أجبرت إحدى المجمعات الجبلية على مغادرة منازلهم في عام 1940 لإفساح المجال لمنطقة تدريب عسكرية. قبل مغادرة إبينت، سألت امرأة واحدة فقط إن كان بإمكانها أخذ باب منزلها معها.)

A door in Epynt

There's a door which closes by itself,
a door that deludes time,
one knock and there's fighting talk.

And although she lived in the back of beyond
this hearth was her harmony,
its underlay, the chill of tranquillity.

No stand-off or ford to cross,
no enemy but the purchase order:
'A perfect place, this, for a squaddies' mess.'

Armed with warrants, in haste they removed
the people from the land. Then the hills of refuge
surrendered to the combats' heavy outfits.

Not without a plea. Before turning her back:
'May I keep the door to the cottage?'
Empty handed, she left for the village.

Yet, when the east wind howls, I hear terror –
the door slam shut and, then, flung open.
Listen to its sounds. Earth shakes. Pleading.

Drws yn Epynt

Mae yna ddrws sydd yn cau yn ei gyfer
a drws sydd yn drysu amser,
a'r gnoc sydd yn destun dwyster.

Ac er mor anial oedd ei hannedd,
yr aelwyd hon oedd man cyfannedd,
dan ddrws dôi curwynt tangnefedd.

Nid adwy, na chroesi rhyd a orfu,
na gelyn – dim ond cennad deddfu;
'Lle perffaith i las fyddin i saethu'.

Yna, ar frys gyda gwŷs, cael gwared
â phreswylwyr y tir, ar drum nodded,
wrth ildio i'r lifrai gwargaled.

Nid heb lef. Cyn troi allan, dyma ofyn
'A ga' i'r drws a'r bwlyn i'r bwthyn?'
Yn waglaw, disgynnodd i'r dyffryn.

Eto weithiau, ar lym awel, clywn ddychryn –
brath y drws yn agor, cau'n gyndyn.
'Gwrando pa drwst'. 'Daear a gryn'. Gan erfyn.

بابٌ في إبينت

هنالِك بَابٌ يُغْلِقُ مِن تَلقَاءِ نَفسِه، بَابٌ يتحدّى الزَّمَنَ،
كلّما يُطرَقُ يحصلُ سِجالٌ.
رغمَ سكنِها في منطقةٍ نائيةٍ، فَلقد وجدَتْ
في موقدِ دارِها الوِئامَ والألفة
وجعلَتهُ سنداً لها،
مصدراً للطُمَأنينَةِ وراحةِ البال.
لا مواجهةٌ هنا أو مَخَاضَةَ للعبور،
ما من عَدُوٍّ غير صَكِّ الشراء:
"هوذا المكانُ المثاليُّ لإطعامِ العسكرِ"
مُسَلَّحِينَ بِمُذَكِّرَاتِ اعتقالٍ، طردوا القومَ من أراضيهِم على عَجَل
واستسلَمتْ حمَى التلالِ تحتَ وطأةِ بدلاتِ القتالِ الثقيلة.
برجاءٍ أخيرٍ
وقبلَ أن تتركَ كوخَها إلتَمَستْ: " هل يمكنني الاحتفاظ بالباب؟"
خاليةَ الوفاضَ
غادرتْ باتجاهِ القرية.
غير أنـي لا أزالُ أسمعُ بذعرٍ
حين تعصفُ رياحُ الشَرقِ
باباً يغلق ثم يفتح على مِصراعَيه.
الأرضُ ترتَجُّ.
أَنصِتْ. تسمعُ الاستغاثة.

Handkerchief stories
Hancesi hanes
قصصُ المنديل

Cerdd Gymraeg: Menna Elfyn
Arabic Translation/ Cyfieithiad Arabeg/ الترجمة العربية: Rawan Sukkar
English Translation/ Cyfieithiad Saesneg/ الترجمة الانجليزية: Elin ap Hywel
First Published/ Cyhoeddiad cyntaf/ نشر لأول مرة: Murmur, Bloodaxe Books (2012)

Handkerchief stories

A cloth in the sky
is dressing the night in sheeny
black. Glimpse
a star's hook and eye,
a slit of hem
hanging loose a second or two
and beyond
small squares of handkerchief, crumpled
in the great fist of the sky.

Feet on the ground, we watch this
with amazement:
El mundo es un pañuelo:
the world's the size
of a handkerchief.

Proverbs flap free:
Eang yw'r byd i bawb;
it's a small world
and as I reach out my hand
to touch the stars, the handkerchief
becomes a bedsheet
drying, fresh-aired in the wind.
I look again, and now they are white
  sails
crossing the sky,
searching for Ithaca.

Da cael ynys mewn môr mawr:
sweet island landfall, in Malta
the sea's belly is soft,
its head, hard,
as ships cwtsh up in the bay.
And beyond the stars
I see gauze curtains, the
sky's translucent china for best.
No Iron Curtain there, just
lace, flax and voices,
loops for fingers to grab,
shawls for the long journey.

New stories, too, along the way
wipe away tears,
fanning all sorrows,
crisp handkerchiefs,
restful pillows,
the hesitant sails
and cloth, stitch over stitch.

We look at the sky with new eyes, see
new seams in the stars,
this cloth which presses down on
  history
spangled with images.

Hancesi hanes

Yn yr awyr, mae diwyg
sy'n gwisgo'r nos yn loywddu.
A daw seren bach a llygad
i'r golwg
a chwiff o hem yn rhydd,
ac yn y tu hwntdod,
hancesi bychain wedi'u gwasgu
yn llaw fawr y ffurfafen.

Islaw, ydym, yn gwylio hyn
a rhyfeddod yn ein ple:
El mundo es un pañuelo:
dyw'r byd ddim yn fwy
na hances poced.

a'r wireb yn ddwy:
Eang yw'r byd i bawb;
wrth im estyn llaw
a chyfarch macynon y sêr;
a thry'r hances yn gynfas gwely
yn siglo'n gras yn y gwynt.
Syllaf eto, a dônt fel hwyliau
ar draws ffurfafen
wrth chwilio porthladd las.

Da cael ynys mewn môr mawr.
Ac ym Malta mae'r môr
Fel bol meddal a phen caled
wrth i longau gwtsho'n y bae.

A thu hwnt i'r sêr –
llenni sy'n tryloywi
llestri gorau'r nen yn ddisglair,
ac nid oes Llen Haearn yno,
dim ond lês, a llin a lleisiau
a ddolennodd, hyd nes uno,
gwnïo siolau i'r siwrne hir.

A lle bu hanes yn sychu dagrau
yn gwyntyllu gofidiau
Daw crimpio hancesi
yn obenyddion esmwyth,
yna'n hwyliau ofnus,
yn ddefnyddiau pwyth dros bwyth,

a syllu o'r newydd wnawn ar y nen,
gweld gwead newydd,
a'n dal i ddwyn o'r delweddau
liain sy'n gwreslynu hanes.

قصصُ المنديل

ما يقيِّدُ السَّماءَ
ليسَ ما فعلتهُ النُّجومُ
وإنَّما ما ستفعلُه
إيميلي ديكنسون

قماشٌ في السَّماء
يتزيّا بالليل بسوادهِ الّلامعِ.
صوِّبِ النَّظرَ على مرمى البَصر،
على إبزيمِ النَّجمِ وعينِهِ.
مفترجٌ في الحاشية
يتدلى بلين
لثوان معدودة
متجاوزاً مربعاتِ المنديلِ الصغيرةِ
المتكوّمة في قبضةِ السَّماءِ العظيمة.

أقدامُنا على الأرض،
بينما نراقبُ بذهول
العالمَ الصَّغيرَ
حجمُ كونِنا
بحجمِ منديلٍ.

ترفرفُ الأمثالُ:
ما أوسَعَهُ عالم الخيزرانِ؛
إنَّه لعالمٌ صغيرٌ.
فإذا بسطتُ يدي لألمسَ النُّجومَ،
أضحى المنديلُ ملاءةَ سريرٍ،
تجفُ وتتهوّى
في مهبِّ الرِّيحِ.
أُحيلُ النظرَ،
فتستحيلُ النجومُ إلى أشرعةٍ بيضاءَ
تقطعُ السَّماءَ،
باحثةً عن جزيرةِ إثاكا.

ما أروعَها من جزيرة بهذا الحجمِ
في مالطا،
حيثُ بطنُ البحرِ رخوٌ،
والرأسُ صلبٌ،
مثلما تعانقُ السُّفنُ الخليجَ.

وخلف النُّجومِ
في السَّماءِ
يتلألأُ الخزفُ الشّفّافَ،
حيثُ لا ستائرَ حديديَّة
وإنما الدّانتيل والكتان
والغناءُ الذي يغزلُ
شالاتِ الرِّحلةِ الطَّويلة.

والقصصُ الجديدةُ
على طولِ المدى
تفركُ الدُّموعَ
وتُذكِي الأحزانَ.
والمناديلُ المهترئةُ
والوسائدُ المترهلةُ
والأشرعةُ المتقلّبة
والقماش
غرزةٌ فوقَ الغرز.

نتطلَّع إلى السَّماء بعيون جديدةٍ،
ونتأمل طبقاتِ النُّجومِ المتجدِّدة.
هاهو النسيجُ الَّذي يعصر التَّاريخ
المتلألئ بالصُّور.

The cocklewoman
Cerdd gocos
سيدة القواقع

Cerdd Gymraeg: Menna Elfyn
Arabic Translation/ Cyfieithiad Arabeg/ الترجمة العربية: Rawan Sukkar
English Translation/ Cyfieithiad Saesneg/ الترجمة الانجليزية: Elin ap Hywel
First Published/ Cyhoeddiad cyntaf/ نشر لأول مرة: Murmur, Bloodaxe Books (2012)

The cocklewoman

The late afternoon caller,
her basket, a linen coverlet,
like the laying of communion;
then suddenly, the cackle
of cockles, *bara lawr*,
an undertone on greaseproof,
and the deal's deliverance.

Later, at suppertime
my mother would season pity
on the poor lady, for her double-decker journey,
from Gower to Pontardawe;
be gladdened too at the thought of her return
all the lighter,
shillings instead of shells,
as we probed with our forks like adventurers.

Her smile is with me still,
melting into my mother's welcome;
two heart-shaped cockles
who built their homes
on sand, before the tide's curl.

And the cocklewoman?
Waves of hair swept under a hat,
her shawl a fringe on the shore;
sunset on water, like
a fine malt vinegar,
a sharp kiss on the lips.

And ah, the salt air of Gower,
days of spins, unpacking,
our picnics, near sea lavender;

And that one amazing image
– her standing at the Manse's teetotal door,
pint glass in hand, scooping,
over and over, her sacrament of shells;
sound of my innocence, descending,
a coming of age,
that emptying, emptying cry.

Cerdd gocos

Hi oedd y wraig wrth ein drws,
hwyr brynhawn, basged mewn llaw,
lliain gwyn yn orchudd
fel Cymun heb ei godi.
Yna'n sydyn, clegar o gocos,
islais o 'fara lawr'
ar bapur di-saim,
a'r fargen ar y ford.

Adeg swpera wedyn,
byddai mam yn arllwys
tosturi at y wreigan,
ar daith o Benclawdd i Gwm Tawe,
mewn bws decer dwbwl.
A theimlo'r rhyddhad
i'w siwrne tua thre
fod yn ysgafnach:
sylltau yn lle cregyn
– wrth i'n ffyrc anturio'n ffyrnig.

Mae ei gwên gyda mi o hyd,
yn toddi i groeso fy mam;
dwy siâp calon fel cocos,
y rhai fu'n adeiladu
eu tai ar dywod
cyn i'r llanw daenu
ei gotwm ei hun o ewyn.

A'r wraig gocos?
Tonnau gwallt olchwyd dan het,
a'i siôl yn rhidens ar draeth,
machlud ar ddŵr,
fel finegr brag da
sy'n brathu gwefus.

Awelon haf bro Gŵyr
yn chwythu ein mynd a'n dyfod –
gan ddadbacio ennyd o bicnic.
A'r llun rhyfeddol hwnnw
ohoni'n llenwi'r peint cwrw
drosodd a throsodd,
fel diniweidrwydd yn disgyn
nes i'r gwydr niwlog
lwyrymwrthod,

yn wag.

سيدة القواقع

المتَّصلةُ في آخرِ الظَّهيرةِ،
وسلَّتُها الملفوفةُ بالكتان،
كمدِّ الوصالِ.
وثرثرةُ القواقعِ بغتة،
وخبزُ الطّحالبِ
همسٌ على الدُّهونِ،
وصفقة على الطّاولة.

في العشاء، حينذاكَ
تصبُّ أمِّي الرَّحمةَ على تلك البائسةِ
في رحلتِها بالحافلةِ الطّابقيَّةِ،
من جاور إلى بونترداوي
باتت سعيدةً بعودتها، وقد خفَّ حملُها
من القروشِ لا من الأصدافِ،
بينما كنا نتفحَّصُ أشواكَنا كمغامرين.

ما زالت ابتسامتُها معي
تذوبُ مهللّةً بأمِّي؛
وذات الصَّدفتين القلبيَّتين
تبني منزلاً على الرِّمال
قبلَ انحسارِ المدِّ.

وسيدةُ القواقع؟
تتمدَّدُ أمواجُ شَعرها وراءَ القبَّعة،
ويتدحرجُ شالُها على الشّاطئ؛
والشَّمسُ الغاربةُ على سطحِ الماءِ
كخلِّ شعيرٍ خفيفٍ،
وقبلة صارخة على الشِّفاه.

نسماتُ جاور الصَّيفية المالحة
تهب على غدوِّنا ورواحنا،
لوضعِ رحالِنا إلى جانبِ خزامى البحرِ؛
وصورتُها المذهلةُ
واقفة عند باب مانسي الرَّزين،
وفي يدها نصفُ لترٍ من الزُّجاج،
تغرفُ مراراً سرَّها من الأصدافِ؛
ويتساقطُ النَّبيذُ
كصوتِ براءتي ونزولي وبلوغ سن الرُّشد،
مع تلكَ الصَّرخة الفارغة الفارغة.

Arrival
Cyrraedd
الوصول

Cerdd Gymraeg: Menna Elfyn
Arabic Translation/ Cyfieithiad Arabeg/ الترجمة العربية: Lara Matta
English Translation/ Cyfieithiad Saesneg/ الترجمة الانجليزية: Gillian Clarke
First Published/ Cyhoeddiad cyntaf/ نشر لأول مرة: Murmur, Bloodaxe Books (2012)

(A sequence of poem: Catrin Glyndwr was taken to the Tower of London along with her children and incarcerated for the deeds of her father, Owain Glyndŵr after he led a rebellion against the English King.)
(Cylch o gerddi am Catrin Glyndŵr, a garcharwyd yn Nhŵr Llundain yn sgil gwrthryfel ei thad Owain Glyndŵr ar ôl iddo arwain gwrthryfel yn erbyn Brenin Lloegr.)

(سلسلة من القصائد: كاترين گليندَوْر نُقلت إلى برج لندن مع أطفالها وسُجنت بسبب أفعال والدها، أواين گليندَوْر، بعد أن قاد تمرداً ضد ملك إنجلترا.)

Arrival

We came at owl-light
from the back of beyond
to the world's end,
my round window
a clouded eye.
Through the walls
one murmur,
merriment and mayhem.

Though I'm dead tired
sleep won't come,
my jailor's sour spittle
still on the air.

'You're here
for your breed.
We take you hostage,
your father free.'

Squint-eyed, calloused hands,
he grills me to ash.
Ignorance my defence
against a swarm of lies.
Puce-faced he utters
under his breath,
'Cowards are fair weather friends.'

Cyrraedd

Ym min yr hwyrnos
y daethom yma,
o'r gefnen o dir
i lwydni cell.
Pilen llygad
yn ffenest gron,
murmuron
tu ôl i'r muriau,
hwyl a helynt
Yn ymwáu.

Blinedig ydwyf,
eto, ni ddaw cwsg
â chrasboer y ceidwad
ar fy anadl o hyd.

'Oherwydd eich llinach
y dygwyd chwi yma,
eiddo o ran,
a'ch tad yn rhydd'.

Llygadfrith a llawgaled,
fy holi'n ulw.
Ond meddyg da yw'r anwybod
rhag heigio celwyddau.
Yn ddulas, yngan yn isel,
'teg yw'r nos i ŵr llwfr.'

الوصول

وصلنا في دجى الليل
من أقاصي الأرض.
كانت كوّة نافذتي مغشّاة
كعينٍ عشواء.

همهمة وحيدة
تسرّبت عبر الجدران
تشي بفوضى صاخبة.

ومع أنني مرهقة
أبى النعاس أن يراودني
إذ لا تزال إهانة سجّاني
ماثلةً أمامي:
"بسبب نَسَبَكِ ونَسْلِكِ
أخذناك رهينة
وأطلقنا سراح أبيك."

بعينينِ تقدحان شرراً، ويَدَيْنِ خشنتين،
عاجلني باستجواب صارم.
كان تجاهلي له دفاعي الوحيد
في مواجهة سيل أكاذيبه.
بوجهه المحتقن، وأنفاسه المتوعّدة،
غَمْغَمَ قائلا في سرّه:
"الليل ملاذ الجبناء."

Lost time
Colli amser
الوقت الضائع

Cerdd Gymraeg: Menna Elfyn
Arabic Translation/ Cyfieithiad Arabeg/ الترجمة العربية: Lara Matta
English Translation/ Cyfieithiad Saesneg/ الترجمة الانجليزية: Gillian Clarke
First Published/ Cyhoeddiad cyntaf/ نشر لأول مرة: Murmur, Bloodaxe Books (2012)

Lost time

I'm counting time
with strands of my children's hair,
twisting one link from a braid
each morning. Every week
I mark the wall with blood
squeezed from my nail
bitten to the quick.

It's how we used to mark their height.
However grey their childhood
they were kindly days
and I recite again and again
how we'd carry a pitcher to the well,
how we watched the sky through the trees,
how we gathered bluebells,
how we counted the colours of leaves,
copper, amber, radiant scarlet.

The golden glow of memory.

Colli amser

Cyfri'r amser yr wyf yma
gyda chudynnau fy mhlant.
Gweithio dolen o bleth
yn foreol, yna'n wythnosol.
Nodi marc ar y mur
Gyda'r gwaed a wasgaf
o gnoi ewinedd i'r byw.

Dathlu eu taldra hefyd.
Er mor llwyd eu mebyd,
bu dyddiau trugarog,
ac adrodd a wnaf:
am gario llestr o'r ffynnon,
am edrych i'r wybren drwy'r coed,
am gasglu cennin y brain,
am gyfri lliwiau'r dail
yn efydd ac ambr, ysgarlad gloyw.

Aur llathr o atgof yw.

الوقت الضائع

أعُدُّ الأيامَ بجدائل أطفالي
أشكّل ضفيرة كل صباح
وبالدم النازف من الأصابع
المَقضُومة حتى الجذور
أضع علامة على الحائط كل أسبوع.
هكذا كنا نقيس قامة الأولاد؛
قد تبدو طفولتهم قاتمة
لكن تخلّلتها أيامٌ أكثر رأفة ورحمة
وها انا الآن أسرد لهم، مراراً وتكراراً،
كيف كنا نقصد البئر لنستقي
ونراقب السماء عبر الأشجار
وكيف كنا نجمع ازهار الجُرَيْسِ الزرقاء
ونقوم بتِعداد ألوان الأوراق:
النحاسي والكهرماني والقرمزي البرّاق.
إنه الوهج الذهبي للذاكرة.

Bird's song
Dynwared adar
نشيد الطيور

Cerdd Gymraeg: Menna Elfyn
Arabic Translation/ Cyfieithiad Arabeg/ الترجمة العربية: Lara Matta
English Translation/ Cyfieithiad Saesneg/ الترجمة الانجليزية: Gillian Clarke
First Published/ Cyhoeddiad cyntaf/ نشر لأول مرة: Murmur, Bloodaxe Books (2012)

Bird's song

Today we sang like birds.
The mountain curlew, the bold robin,
and starlings, hungry and fearless,
the yaffle's monotonous knock.
We made a hawk with our hands,
and watched though our small window
distant wings sweeping the sky,
bearing our sorrows away in their beaks,
our prayers to God.

Adar o'r unlliw

Buom yn telori fel adar heddiw.
chwibanogl y mynydd,
y robin hy, a'r drudwns barus
mor ddibryder eu byd.
Ein dwylo'n dynwared yr hebog,
cudyll coch, curiadau untant
cnocell y coed mewn ceudwll;
a thrwy'r ffenest fach, gweld
adenydd o bell yn glanhau'r nen
gan gario ein trybini
gyda'u pigau yn bell, ymhell
i ymbil i'r Goruchaf.

نشيد الطيور

اليوم أنشدنا كالعصافير
كروان الجبل، أبو الحناء الجسور،
الزرزور النهم الجريء،
ونُقّار الخشب بطرقاته الرتيبة.
شَكّلنا صقراً بأيدينا
وشَهِدْنا عبر نافذتنا الصغيرة،
في المدى البعيد،
أجنحة تكتَسِحُ السماء
حاملةً في مناقيرها
تضرّعاتنا وابتهالاتنا
إلى سدرة المنتهى.

Incident
Digwyddiad
حادثة

Cerdd Gymraeg: Menna Elfyn
Arabic Translation/ Cyfieithiad Arabeg/ الترجمة العربية: Lara Matta
English Translation/ Cyfieithiad Saesneg/ الترجمة الانجليزية: Gillian Clarke
First Published/ Cyhoeddiad cyntaf/ نشر لأول مرة: Murmur, Bloodaxe Books (2012)

Incident

A new guard today.
He was kind,
brought me a speckled quilt
and a tale of a poor wretch,
once a duke, he thought,
who fell into debt, lost his mind,
off his head cursing the law,
then walked the crooked board
and quietly fell to his knees
making the sign of the cross.
His throat gave a rattle,
his gift to the crowd
and their terrible roar.

I wept to hear
so cruel a death;
the jailor's voice cracked,
and I knew it before he spoke,
'Death is the fate of those small veins,'

he whispered 'as must be yours.'

Digwyddiad

Daeth ceidwad newydd heddiw.
Mor hawddgar oedd.
Daeth â charthen fraith imi,
ac adrodd am druan arall.
Dug ydoedd unwaith, meddai,
a aethai i ddyled, colli ei bwyll,
bytheirio'r drefn yn benwan.
Cerddodd y cambren,
yna'n wirion bach, penliniodd;
arwyddo pader, cyn i'w lwnc
ollwng rhwnc, nes rhoi
gwledd i'r dorf.
Hunllef eu banllefau.

Wylais innau wrth glywed
am angau mor arw;
â chrygni yn llais y ceidwad,
gwyddwn cyn iddo ddweud:
'tynged perthyn y mân-wythi yw ing.'

Sibrwd 'rhad arnoch chwithau hefyd.'

حادثة

جاءنا اليوم حارس جديد
بدا طيبا
جلب لي بطانية مرقطة وأخبرني
عن واقعة حصلت لبائسٍ مسكين
ربما كان دوقاً، ذات يوم، على ما يذكر،
خسر ثروته وفقد عقله
وبات يلعن الشرائع والقوانين
ويجدّف جهاراً.
سار إلى حتفه يوم إعدامه
وجثا على ركبتيه بصمت
ورسم إشارة الصليب
ثم قدّم حشرجة حنجرته
فدية للحشودِ الصاخبة.

فهمت قصده
قبل أن يضيف بصوته الأجش:
"الموت قدر المعدمين"
ثم همس قائلا:
"وأنت سوف تلاقين
نفس المصير."

Reproach
Edliw
تَأنِيب

Cerdd Gymraeg: Menna Elfyn
Arabic Translation/ Cyfieithiad Arabeg/ الترجمة العربية: Lara Matta
English Translation/ Cyfieithiad Saesneg/ الترجمة الانجليزية: Gillian Clarke
First Published/ Cyhoeddiad cyntaf/ نشر لأول مرة: Murmur, Bloodaxe Books (2012)

Reproach

A crowd came to gaze at us.
I bade the children be dumb,
deceived them they might let us go.

'What hero abandons his daughter?'
'What sort of kinship is that?'
The derision of dunderheads,
and pimple-tongued duds.
I closed my eyes
on my storm of rage.

'The eagle flies free,
his chick in the tower's
ready feast for the ravens.'

When they'd gone
the voice of my heart said,
from fools come the truth,

before other voices pierced the air.
'Can we go home now?'

Edliw

Daeth lliaws i syllu arnom.
Siarsio'r plant i ddal tafod,
eu twyllo y caem fynd adre.

'Pa fath arwr a edy ei ferch?'
'Pa fath berthyn yw hynny?'
Crechwen crachwynebog
un â deilen ar ei dafod.
Gwgais, cau amrant
rhag corwynt o ddicter.

'Mae'r eryr yn rhydd
a'i gywion mewn Tŵr
yn gnawd i gigfrain'.

Wedi iddynt adael,
llais o'm tu mewn,
gan y gwirion y ceir y gwir,

cyn i leisiau main rwyllo'r aer,
'Gawn ni fynd adre rwan?'

تَأنِيب

جاءت جماعة للتفرّج علينا
فطلبت من الأولاد أن يلزموا الصمت
بذريعة الإفراج عنا.

"أين الشهامة في أن يتخلى الأب عن ابنته؟
بئس هذه القربى!"
اِستِهزأ الأبله وتهكّم التافه.
أغمضت عينيّ وكتمت غيظي.

"النسر يحلق طليقاً
تاركاً فراخه لقمة سائغة
لأي غراب أسحم."

عندما غادروا، هتف صوت في قلبي:
"خذوا العبرة من أفواه المجانين"
قبل أن تخترق الأجواء أصوات أخرى.
"هل نستطيع العودة إلى بيتنا الآن؟"

Shawl
Siôl
وشاح

Cerdd Gymraeg: Menna Elfyn
Arabic Translation/ Cyfieithiad Arabeg/ الترجمة العربية: Lara Matta
English Translation/ Cyfieithiad Saesneg/ الترجمة الانجليزية: Gillian Clarke
First Published/ Cyhoeddiad cyntaf/ نشر لأول مرة: Murmur, Bloodaxe Books (2012)

Shawl

I made of my shawl a home.
One by one I nursed them,
against my shoulder, on my lap,
at the breast, wrapped them close.
Through alien air I breathed
scents of the old country,
the moss and the stoat,
heather on the mountain.
Listen, I said,
the wind blows where it will;
played naming the places, the lakes,
mimed climbing the peaks,
finger by finger, step by step.
I numbered the sand-dunes,
nibbling them for the taste of
marram-grass,
seaweed in green ribbons.

but useless playing pretend tonight.

Siôl

Trois fy siôl yn gynefin.
Am yn ail eu magu
ar ysgwydd, mewn côl,
ar y fron, eu rhwymo'n dynn.
Arogli trwy'r dieithrwch
mwswgl a charlwm o'r henfro,
sawr grug mêl y mynydd.
Gwrandewch, meddwn,
y gwynt sy'n chwythu lle y mynno.
Chwarae enwau lleoedd a llynnoedd
a'u mud-actio, esgus cyrraedd copa,
bys wrth fys, gam wrth gam.
Adrodd wedyn am dwyni'r traethau,
blasu moresg rhwng fy nannedd a'i gnoi,
yslafan o'r môr yn rhuban gwyrdd.

Ond seithug pob stumio heno.

وشاح

جعلت من وشاحي بيتاً لرعايتهم.
فرداً فرداً أحضنهم
أضُمهم إلى صدري
وأغمرهم بدفء وحنان.

أتنفس هواءً مغايراً.
لكنّي أتنشّق من خلاله عبق موطني،
رائحة نبات الحَزاز وعطر زهر العجرم.
اسمعوا، إن الريح تهب كما تشاء؛
أقوم بتسمية الأماكن والبحيرات،
أُحاكي تسلّق الجبال بالحركات الإيمائية،
أعطي لكثبان الرمال أرقاماً متسلسلة،
وأتذوّقُ فيها طعمَ الطحالب.

لكن لا فائدة الليلة من الإدّعاء.

Hair jewel
Tlws gwallt
حلية الشعر

Cerdd Gymraeg: Menna Elfyn
Arabic Translation/ Cyfieithiad Arabeg/ الترجمة العربية: Lara Matta
English Translation/ Cyfieithiad Saesneg/ الترجمة الانجليزية: Gillian Clarke
First Published/ Cyhoeddiad cyntaf/ نشر لأول مرة: Murmur, Bloodaxe Books (2012)

Hair jewel

The kind guard came to me
with a gold-mottled hair clip,
and we played games with it.
It was a butterfly
fluttering in the forest,
It was a club to kill cockroaches
with a crack on each carapace.
It was an altar for the sun,
to dazzle us till we laughed.

But with nightfall came unease.
Hard to make play
with clouds closing in
in this foul place
which enters our blood.

Would the needle of this jewel
in a vein
set us free?

Tlws gwallt

Daeth y ceidwad hael
â thlws gwallt brychfelyn,
a buom yn chwarae mig.
Trodd yn iâr fach yr haf
ar wib yn y wig;
yna'n arf dur i ladd chwilod,
teimlo'u crwyn yn crensian;
ei droi'n allor haul hefyd.
Chwerthin wrth i'r pelydryn
ein dallu.

Ond daeth cyfog gyda'r cyfnos,
ac anos diddanu
â phendrymder yn nesáu.
Ai pydredd y lle hwn
sy ar gerdded yn ein gwaed?

A fyddai min un tlws
mewn gwythïen
yn medru ein gwaredu?

حلية الشعر

جاءني الحارس اللطيف بهدية،
مشبك للشعر ذهبيّ مبقّع،
جعلنا منه لعبة نلهو بها.
إنه فراشة ترفرف في الغابة،
ومِضْرَب لقتل الصراصير
ينهال بشدة على كل حشرة دابّة،
وأيضاً هيكل لعبادة الشمس
بنورها البرّاق.

لكن مع هبوط الليل
يساورنا القلق
ويتسرب إلى عروقنا.
وحين تطبق علينا الغيوم
في هذا المكان المريع
يضيق صدرنا وتنعدم
احتمالات التخيّل لدينا.

هل نغرز إبرة هذا المشبك في شرايينا
علها تحررنا؟

Webs
Gweoedd
شِباكُ العنكبوت

Cerdd Gymraeg: Menna Elfyn
Arabic Translation/ Cyfieithiad Arabeg/ الترجمة العربية: Lara Matta
English Translation/ Cyfieithiad Saesneg/ الترجمة الانجليزية: Gillian Clarke
First Published/ Cyhoeddiad cyntaf/ نشر لأول مرة: Murmur, Bloodaxe Books (2012)

Webs

How can a spider's new web
disappear?
Do our eyes
lose sight of it?

Today we stole
after insects,
our seeking hands
charming the hours.

Unlike an old web,
she lingers,
lets us stare
at the hem of her gown,

transparent
but for blue veins
in a weave and weft
like dew on a meadow.

No sign of a spider.
The insect adventure's
a wait for an absent father.
It doesn't bother the spider,
apparently.

Gweoedd

Pam mae gwe newydd
yn anwel?
Ai ein llygaid
a gyll ei gweld?

Stilio heddiw
am bryfed,
eu palfau ysbeidiog
yn swyno'r oriau.

Nid felly hen we.
Erys honno
a rhyfeddwn
at odre'i gwisg laes.

Mor dryloyw yw,
nes i'w gwythiennau
igam ogamu'n las
fel gwawn ar faes.

Di-ôl yw pry'.
A throdd antur
am bryfetach yn wylo am taid.
Ni falia'r Pry' hwnnw, mae'n rhaid.

شِباكُ العنكبوت

كَيْفَ يُمْكِنُ أن تَختَفِيَ
شَبَكَةُ العَنكَبُوت الجَديدَة؟
هَلْ تَغفُلُ عَنها أعيُنُنَا؟
اليوم حذونا حذو الهوام،
بأيدينا
الساعية
نَسْتَهْلِكُ الوقت.
خلافاً للشبكة البالية،
فهيَ تبقى ثابتةٌ،
وتَدعونا للتَّحديقِ
في ثَوبِها الشَفَافِ،
رغم عروقها الزّرقَاء
كَالمَروجِ المُتّشِحة
بقطرات النّدَى.
والعَنكَبُوتُ لا أثَرَ له.
مُغَامَرَةُ الحَشَرَة
مَثِيلُ انتِظارِ
أبٍ غائِب.
هذا الأمرُ
لا يُزعِجُ العَنكَبُوتَ
على ما يَبدُو.

Dishes
Llestri
أطبَاق

Cerdd Gymraeg: Menna Elfyn
Arabic Translation/ Cyfieithiad Arabeg/ الترجمة العربية: Lara Matta
English Translation/ Cyfieithiad Saesneg/ الترجمة الانجليزية: Gillian Clarke
First Published/ Cyhoeddiad cyntaf/ نشر لأول مرة: Murmur, Bloodaxe Books (2012)

Dishes

Where did the good guard go?
A rogue replaced him,
cursed me, put the black spot upon me.

Dismayed I dared a cry
that the earthenware plates were dirty.
'Foul, feral creatures, you Welsh,
with filth in your veins',
he spat, and vanished.

He returned with a fist of clay.
'There. Make your own plates.
They can dry in the sun.'
He turned. And the insult turned
to a day of blessing, the youngest
all fingers and thumbs.

I hid a scrap,
to make a cross, blessed it,
kneading the beads of a rosary.

Llestri

I ble'r aeth y ceidwad da?
Daeth sinach yn ei le.
Rhegi mai man du oedd arno.

Wrth siomi, mentrais udo
bod y platiau pridd yn fudr.
'Creaduriaid rheibus yw'r Cymry,
budreddi yn eich gwythiennau.'
Poerodd. Diflannodd.

Dychwelyd gyda dyrnaid o glai.
'Dyma chi, gwnewch a fynnwch,
cânt eu sychu yn yr haul.'
A throdd ei anfri yn ddydd
o fawl, y lleia'n fysedd a bodiau.

Cuddiais beth ohono
i lunio'r Groes Fendigaid,
tylino paderau'n grwn.

أطبَاق

أيْنَ ذهَبَ الحَارِسُ الطَيب؟
جاءنا وغدٌ لئيم عوضاً عنه
شَتَمَنِي وعيَّرني
من استيائي
تَجَرّأتُ على الاحتجاج
شاكيةً أن الأطبَاقَ الفخارية مُتَّسِخَة
"أنتم، أهْلَ 'ويلز'، مَخلُوقَاتٌ نجسة،
والقَذَارَةُ تَجري في عُرُوقِكُم،"
ذهب ثمّ عادَ
بِقَبْضَةٍ من الطين:
"هَاكِ. اصنَعِي أطبَاقَكِ الخَاصّة بِيَدَيْكِ،
عسى أن تَجِفَّ في الشّمْس"
واستدار.
عندها، تَحَوّلَتِ الإهَانَةُ
إلى يومٍ بَرَكَة: الأصُغَرُ فينا
تَنَاوَلَ القِطعَةَ بأطرَافِ أصَابِعِه،
وأنا أخذت حفنة
اعجنها صَليباً مقدساً
وحَبّات مِسْبَحَة.

Lullabies
Hwiangerddi
تَهْويدات

Cerdd Gymraeg: Menna Elfyn
Arabic Translation/ Cyfieithiad Arabeg/ الترجمة العربية: Lara Matta
English Translation/ Cyfieithiad Saesneg/ الترجمة الانجليزية: Gillian Clarke
First Published/ Cyhoeddiad cyntaf/ نشر لأول مرة: Murmur, Bloodaxe Books (2012)

Lullabies

Today we made lullabies
to keep our voices clear.
'Where oh where have you gone?
To see swallows nesting.
What will you play?
Hide and seek in an orchard of fruit.'

But they were lacklustre.
What challenge is *hiraeth*?
They asked for their kind,
the pony, the dog and the cat,
and they wailed
for their kith and their kin.

And I too mourned my own people
in silence.

Hwiangerddi

Llunio penillion heddiw,
i gadw'r llais yn loyw.
Ble'r ei di, ble'r ei di?
I weld gwenoliaid yn nythu.
Beth wyt ti am chwarae?
Cuddio yn y berllan ffrwythau.

Ond di-hoen oeddynt.
Pa fath o her yw hiraeth?
Holi am y teulu,
yn geffyl a chi a chath
ac achwyn.

Am ach rwyf innau'n achwyn
yn dawel bach.

تَهْويدات

اليَومَ رنّمنا تَهْوِيدَاتٍ لإبقاء أصوَاتِنَا صافية.

- "أين أنتم؟ أوّاه... أين ذَهبتُم؟
- لِرُؤيَةِ تَعشِيشِ طُيُورِ السُّنُونُو
- ماذا ستلعبُونَ الآن؟
- لعبة الغميضة في بُسْتانِ الفَاكِهَة."

لكِنَّ تَهْوِيدَاتِنا بقيَت بلا رونق.

فأي رهان هذا؟ ومن لِيَ في مواجَهة هذا الحنين؟

من شِدّة شوقِهم تحسَّروا علَى رِفَاقِهم: المُهْر والكَلْب والقِطـَّة،
وانتَحَبوا على أصدقائِهم وأترابِهم.

وأنا أيضًا، بكيتُ شَعبيَ بصَمْت.

Offspring
Epil
الأبناء

Cerdd Gymraeg: Menna Elfyn
Arabic Translation/ Cyfieithiad Arabeg/ الترجمة العربية: Lara Matta
English Translation/ Cyfieithiad Saesneg/ الترجمة الانجليزية: Gillian Clarke
First Published/ Cyhoeddiad cyntaf/ نشر لأول مرة: Murmur, Bloodaxe Books (2012)

Offspring

They wailed all day
their voices carrying
through iron, through crannies,
terrified hours
sweat on rags.

Two came to the cell.
‘They were born to a traitor’,
said one, and took them away.

Without a farewell kiss,
without wrapping them warmly,
without word to console them,
they were torn from me.

The cell was laid waste.
Every cradle removed.
‘Take me too. There’s a knife
in my heart.
Did an axe split me in two?’

one by one they left,
All Saints night
stole them away.

Epil

Buont yn griddfan drwy'r dydd,
eu lleisiau'n cario
trwy haearn, trwy'r conglau,
oriau petrus,
chwys ar gadachau.

Yna, daeth dau i'r gell.
'Eu geni'n annhymig i fradwr'
medd un, cyn eu cludo ymaith.

Heb gusan ffarwel,
heb eu rhwymo'n glyd,
heb gysur gair,
eu dwyn oddi arnaf.

Yna, dinoethwyd y gell,
symud pob cawell.
'Ewch â minnau, gwaell
sy'n fy mynwes.
Onid bwyell a'm holltodd?'

O un i un eddynt oll,
Noswyl yr Holl Saint
aeth â hwy.

الأبناء

لقد بَكَوا طَوالَ اليَوْمِ،
كَانَ صدى نحيبِهم يتَسّربُ عبرالشُّقُوق
ومِن خِلالِ قضبان الحَديدِ
سَاعَاتٌ مُرعِبَةٌ والثّيابُ خِرَقٌ مُبْتَلّة.
جَاءَ اثنان إلَى الزَّنْزانَة.
"إنهم أبناء خَوَنَة " قال أحَدُهُما،
ثُمَّ أخَذَاهُما بَعِيدًا.
من دون قُبْلَةِ وَدَاع،
دونَ أن نَضُمَّهُم بِحَرارَةٍ،
دون كَلِمَةِ مواساة،
انْسَلَخُوا منّي.
أصبحت زّنْزَانَتي خربةً موحشةً.
أزالوا كلَّ الأسرّة.
" خُذوني أنَا أيضًا."
ثَمَّةَ خنجرٌ في قلبي،
هل شَطَرَتنِي هذه الفأسُ إلى نِصفَيْن؟
لقد سَرَقَتهُم منّي،
واحداً تلو الآخر،
لَيْلة جَمِيع القِدّيسِين.

Living
Byw fy hunan
على قَيْد الحياة

Cerdd Gymraeg: Menna Elfyn
Arabic Translation/ Cyfieithiad Arabeg/ الترجمة العربية: Lara Matta
English Translation/ Cyfieithiad Saesneg/ الترجمة الانجليزية: Gillian Clarke
First Published/ Cyhoeddiad cyntaf/ نشر لأول مرة: Murmur, Bloodaxe Books (2012)

Living

Born to become chaff in the wind

I longed for their scent,
sour milk on their cheeks.

Came another messenger,
cudgel in hand,

made me scrub out
my cell of its curse.

I breathed in piss,
my skin was like winter grass.

A lad came with scissors
to shear me, my hair in his hand

'It'll fetch good money', he asserted.
'Gold tresses – a prize for a Knight.'

There was ice in his voice.
'It's tribal blood,
a curse for a coward.'

Byw fy hunan

A gwedy rys mac rys mâl

Crefu am eu hoglau,
ôl llaeth sur ar eu bochau.

Daeth cennad arall,
Pastwn mewn llaw,

mynnu mod i'n carthu'r
gell o'i melltith.

Anadl biswail sydd arnaf,
fy nghroen fel rhawn y gaeaf.

Daeth glaslanc â siswrn,
fy eillio'n bennoeth, gwallt mewn dwrn.

'Cawn arian da,' medd yn dalog.
'Tresi aur sy'n wobr i farchog.'

Daeth oerfel i'w oslef,
'Gwaed tylwyth,
dim ond rheg yw i gachgi.'

على قَيْد الحياة

"وُلِدَت لتَصبَح الْعُصَافةِ الّتِي تُذَرّيهَا الرّيحُ"

تَشَوَقتُ لِرائحتهم،
للحليب الحامض عَلَى خُدُودِهِم.
جَاءَ رَسُولٌ آخَر وبِيَدِهِ هَرَاوَةٌ،
جَعَلَنِي أَنَظّفُ زَنْزَانَتِي
مِن لَعْنَتِها.
كُنتُ أَتَنَفَسُ رَائِحَةَ البَوْلِ،
وكَانَت بَشَرَتِي جَافَةً
مِثلَ شفرة عشب في فصل الشتاء.
ثُمَّ جَاءَ شَابٌ، ومَعَهُ مِقَصّ
لِيَجْزَّ به شَعرِي،
جمعهُ في قبضته وقال بثقة
"سَيَجْلِبُ هَذَا أمْوَالاً جَمَّة".
"الجَدائِل الذهبية - مكافأة للفَرِسان"
سمعت في صَوته نبرة جليدية.
"الدَّم القَبَلِيُّ، هو لَعَنَة الجبان."

Nightmares
Hunllefau
كَوابِيس

Cerdd Gymraeg: Menna Elfyn
Arabic Translation/ Cyfieithiad Arabeg/ الترجمة العربية: Lara Matta
English Translation/ Cyfieithiad Saesneg/ الترجمة الانجليزية: Gillian Clarke
First Published/ Cyhoeddiad cyntaf/ نشر لأول مرة: Murmur, Bloodaxe Books (2012)

Nightmares

I shivered all night long,
stole my skin under its shower of snow.
Those cockerels of the night, pheasants, are on the moor.
I will hunt them, hold them.
but there are ghosts in my hands.
The deer are leaping.
What season is it, the nuts ripening?
The night unclothes itself
and the moon laments.
A crescent comes to lift me.
Is that the tail of a comet in the heavens?
Are those my chicks, clinging to it?

Hunllefau

Daeth cryndod drosof heno,
dwyn fy nghroen dan ei gawod eiraog.
Ceiliogod y nos sy ar y rhostir.
Af i'w hela, a'u dal
ond yn fy llaw mae ysbrydion.
Yna, elanedd yn llamu.
Pa dymor yw hi â'r cnau yn wisgi?
Y nos sy'n dinoethi
a'r lloer yn oernadu.
Daw cilgant i'm codi.
Ai cynffon seren sydd
yn yr wybren?
Ai fy nghywion i sy yno
yn dal gafael yn dynn ynddi?

كَوابِيس

قضيتُ الليلَ بطوله وأنا ارتَجِفُ خَوفاً
علّني أنجو بجِلْدِي من تحت غطاء الثلج.
لقد رَسَتْ ديوك اللّيلِ في البوار.
سَوْفَ أُطَارِد تلك الطيور،
لكن ثمة أشبَاحٌ بين يديَّ.
ها هي الغزلانُ تَعدو.
في أيّ موسمٍ نحن يا ترى؟ أهو موسمُ البندق؟
اللّيْل يَتَعَرَّى
والقَمَرُ يَنُوح.
يَأتِي هِلالٌ فينَتشِلُني.
هَلْ ذاكَ مُذَنَّبٌ يلوحُ في السماوات؟
و هَل هُم فِرَاخِي الّذين يَتَمَسَكُونَ بِذيلِه؟

Stillness
Ymadael
جمود

Cerdd Gymraeg: Menna Elfyn
Arabic Translation/ Cyfieithiad Arabeg/ الترجمة العربية: Lara Matta
English Translation/ Cyfieithiad Saesneg/ الترجمة الانجليزية: Gillian Clarke
First Published/ Cyhoeddiad cyntaf/ نشر لأول مرة: Murmur, Bloodaxe Books (2012)

Stillness

My veins are frozen
icicles on a ridge.
Without my children
I am nameless,
nobody.

Ymadael

Fferrodd fy ngwythiennau
fel pibonwy ar esgair.
Heb etifedd, amddifad
a dienw wyf.

جمود

عُروقي مُجَلّدةٌ،
كمثلِ رقائقَ ثلجيّة،
بدونِ أطفالي،
لا إسم لي،
ولا وجود.

The singing tower
Tŵr canu
برج الغناء

Cerdd Gymraeg: Menna Elfyn
Arabic Translation/ Cyfieithiad Arabeg/ الترجمة العربية: Rawan Sukkar
English Translation/ Cyfieithiad Saesneg/ الترجمة الانجليزية: Joseph. P. Clancy
First Published/ Cyhoeddiad cyntaf/ نشر لأول مرة: Murmur, Bloodaxe Books (2012)

The singing tower

I speak of the telegraph harp
HENRY DAVID THOREAU

Stubborn, and motionless it stands
weighing, measuring the hours;
detecting notes between town and country,
understands he's a messenger to all.
A blue ribbon girdled
The posy of a sudden death.
A notice, a dwelling in the offing.

The parish's pole,
A sturdy witness to all that's new:
Jumble Sale, Whist Drive, Tai Chi –
A soundboard for the strings of its harp,
Before the sad and joyous recital to the world.

I'm also on the tower,
His faithful friend,
Two zealous watchers beside
A road that desires a better horizon.
He believes in the lost forest,
As for me, I eye those small pests.

Three voices in harmony through the night.
And the string of his instrument sings
To the moon's tambourine.
As for my cry? Falling out
Of tune is the gift of an owl.

Tŵr canu

Lleisiaf am y delyn delegraff
HENRY DAVID THOREAU

Saif yn unplyg o ddigyffro
wrth bwyso a mesur yr oriau;
didoli nodau rhwng gwlad a thref,
deall mai cennad i bawb yw.
Bydd rhuban glas o'i gylch
a thusw yr angau disymwth.
Rhybudd bod annedd i'w chodi.

Polyn y plwy,
Yn dyst cadarn i bob newydd:
Ffair Sborion. Gyrfa Chwist, gwersi Tai Chi–
Yn seinfwrdd i dannau ei delyn,
Cyn rhoi datganiad llon a lleddf i'r byd.

Ar ben y tŵr yr wyf innau,
ei gyfaill pennaf un.
Dau wyliwr piwr wrth ymyl
y ffordd yn dyheu am orwel gwell.
Ef yn crefu am goedwig goll,
myfi, yn llygadu'n oer am ddrychfilod llai.

Tri llais ydym gydol nos.
Bydd tant ei offeryn yn seinio
i dimpani y lleuad.
A'm cri innau? Codi cwenc
a chainc yw gwobr tylluan.

برج الغناء

أغنّي على قيثارةِ التلغراف
هنري ديفيد ثورو

يقفُ دونما حراكٍ، لا ينحني ولا يميلُ،
لأنه يقيس السّاعات
يفرزُ الأهدافَ بين المدنِ والأريافِ،
مدركاً بأنَّه المبعوثُ للجميعِ.
حولَه الشَّريطُ الأزرقُ
وباقة الموتِ المفاجئ.
والمقامُ في ارتقاءٍ.

قطبُ الرَّعيةِ،
شاهدَ الأخبارَ.
فوجَّه الصَّوتَ لأوتارِهِ
قبلَ أن يهِبَ العالمَ حفلاتِ الحزنِ والسَّعادة.

أما أنا فواقفٌ في أعلى البُرجِ
كأفضلِ صديقٍ.
وبجانبِ الطَّريقِ التَّواق لأفضلِ عرضٍ
يقفُ المتفرجون اللبقون.
تشتاقُ المراسيلُ للغابةِ الضّائعة،
بينما أعاينُ الحشراتِ الصَّغيرة دونما اكتراثٍ.

في مدى اللَّيلِ نحنُ أصواتٌ ثلاثةٌ.
ورجعُ صدى آلاتِها
يتردَّدُ على دفِّ القمر.
ونحيبي؟ مغنمُ البومةِ
لرفعِ النغماتِ المتنافرة.

Salt
Halen
الملح

Cerdd Gymraeg: Menna Elfyn
Arabic Translation/ Cyfieithiad Arabeg/ الترجمة العربية: Rawan Sukkar
English Translation/ Cyfieithiad Saesneg/ الترجمة الانجليزية: Paul Henry
First Published/ Cyhoeddiad cyntaf/ نشر لأول مرة: Murmur, Bloodaxe Books (2012)

Salt

"White gold" they called it,
the flat-earthers.

And she who was of an earth
where sermons poured

and kept things in their place
knew how precious it was

how "whatsoever sacrifice
thou offerest, thou shalt

season it with salt",
how too much or too little

can kill, how to spill it
stings the wounds

of those who mined it.

*

The day I gave her the grinder
(the see-through salt-mill

she would have consigned
to the sea bed

in that dark tale
Why the Sea is Salt)

she worked on, lightly

proving invisibility
with magician's hands.

*

The gift has come home to me –
seized hour-glass

on a white table cloth
where the spilt grains hide.

And sometimes I still hear her voice
in a hush, asking "Pass the salt please".

Halen y Ddaear

‘Aur gwyn’ bob tamaid
oedd ple gwastad y cread.

A hi oedd â’i thraed ar y ddaear,
er i bregethau dywallt,

cadwai bethau yn eu lle,
gan wybod mor werthfawr oedd.

Deallai bod i bob aberth
rhyw rym halltog. Gormod

neu rhy ychydig, mor ddifaol
oedd , yn frath

ar friw i’r sawl a’i fwynodd.

*

Un dydd, rhois iddi felin halen
un tryloyw goruchafol.

Hi fu’n tolio yn fân
ac yn fuan, â’i bys a’i bawd

yn deall ei gyfoeth mewn lluniaeth
wrth doddi’n anwel. Dewinydd oedd.

*

Daeth y rhodd yn nes adre –
Awrwydr ailfeddiannwyd

ar liain gwyn heb fendith.
Eto, ynghudd mae gronynnau wasgarwy

A weithiau, gallaf glywed ei llais o hyd
yn awgrymu’n dawel “Pasiwch yr halen”.

الملح

الذهب الأبيض كما يسميه
مجتمع الأرض المسطحة.

وهي الكائنة من الأرض
حيث سُكِبت المواعظ

احتفظ بالأشياء في مكانها
مدركاً قيمتها

تضحياتك التي تبذلها
تبّلها بالملح

قليلها يُردي وكثيرها يدمر
حين ينسكب فيلسع جراح من ينقبون عنه

*

عندما أعطيتها الرحى؛
طاحونة الملح الشفافة

كانت ستُرسَل
إلى قرار البحار

في حكاية "البحر المالح" المظلمة
عملتْ برفق

لإثبات الخفاء
باليد السحرية

*

هديتي الواصلة إلى مقري
ساعة زجاجية مضبوطة

على قماش أبيض
وحيث تختبئ الحبوب المنسكبة

لطالما سمعت صوتها الهامس:
"مرّر الملح تكرماً."

Birds of a feather
Adar o'r unlliw
الطّيور المتشابهة

Cerdd Gymraeg: Menna Elfyn
Arabic Translation/ Cyfieithiad Arabeg/ الترجمة العربية: Rawan Sukkar
English Translation/ Cyfieithiad Saesneg/ الترجمة الانجليزية: Damian Walford Davies
First Published/ Cyhoeddiad cyntaf/ نشر لأول مرة: Bondo, Bloodaxe Books (2012)

Birds of a feather

So you became a coroner
of wayward birds;
reader of plumage,
connoisseur of colour,
scholar of their sky.

This woodpigeon, now:
its crop of clover, celandine,
birdsfoot trefoil;
the gizzard coarse with grit
and stalks of heather.
The loose weave
of the breast, its emerald-purple
glisten, bronzing

to the grey that tarnishes
all vows...

Haruspex
you anatomised
it all as sacrament,

preparing to sing
yourself, and spread the feast
like wings.

(thinking of Lynette Roberts, poet,
who loved to study birds)

Adar o'r unlliw

A thrin adar diarffordd a wnest,
cynnal cwest, darllen eu plu.
Ai tywydd teg ai hydref
oedd swm eu gwisgoedd,
wrth it droi'n efrydydd
i'w ffurfafen?

Astud i duth ysguthan:
crombiliau o lyn y llygaid,
meillion, llysiau'r meheryn;
graean yn y lystog,
bonion grug y mêl,
teimlo'r gwead rhydd.
Plu'r frest, yn biwswyn,
emrallt ar dro, a symudliw;
enfys cyn troi'n efydd.

Yna'r llwyd sy'n llychwino
pob addewid.

Y tu mewn
a'r tu allan,
est ati i drin y cyfrin

yn ddathliad prin,

a phob dim
yn baratoad
at ganu,
gogoniannu, a rhannu
gwledd yr adenydd.

(wrth gofio'r bardd Lynette Roberts,
un oedd yn hoffi astudio adar)

الطّيور المتشابهة

لهذا أمسيتَ طبيباً شرعياً
للطُّيورِ التّائهِ؛
مُفسّر ريشٍ،
ذوّاق لونٍ،
والمتبحِّر في سمائهم.

حمام الغابةِ، الآن:
محصولُه البرسيمُ
والماميرانُ واللوتسُ؛
الحوصلةُ الخشنةُ مع الحصى
وجذوع الخلنج.
الملمس الفضفاض للصدر،
بريقه الزُّمرّدي الأرجواني
والبرونزي

إلى الرَّمادي الَّذي
يُشوِّه الوعود...

هارسبوكس
ها قد قمت بتشريحِ كلِّ شيءٍ
كما لو كانَ سرّاً،

تجهيزاً للغناءِ،
لإشاعةِ الاحتفالِ
كالأجنحة.

(أُفَكِرُ في لِنيتّ روبيرتس، الشاعِرة،
التي أَحَبتْ دِراسة الطُّيور)

The valleys
Y cymoedd
الوديان

Cerdd Gymraeg: Menna Elfyn
Arabic Translation/ Cyfieithiad Arabeg/ الترجمة العربية: Rawan Sukkar
English Translation/ Cyfieithiad Saesneg/ الترجمة الانجليزية: Elin ap Hywel
First Published/ Cyhoeddiad cyntaf/ نشر لأول مرة: Bondo, Bloodaxe Books (2012)

The valleys

This year again, there were fires on the hillsides,
the scratch of a match turning the slopes black-
six hundred fires in April 2016.

What is it they need, these people,
who insist on insulting the sky, who send
jets to mock the heather, the ferns
till they shrivel in shame?

Soon the drones will arrive. Too late, then, to spot
the back of the dungheap sliding
falling in on itself.

* * * *

the flames of life so fierce,
the embers, though; a cindery cold.
Strange how hard they scorch the heart
though the fire's gone out.

Y cymoedd

Bu tanau eleni eto ar y bryniau,
cyffro'r matsien yn troi'r llethrau'n ddu,
chwe chan tân yn Ebrill 2016.

Beth yw e am y rhai a fyn
dafodi'r ffurfafen,
gwatwar y grug a'r mwsg
i grino mewn cywilydd,
gyrru cyrchoedd drwy'r awyr.

Bydd drôns cyn hir uwchben.
Rhy hwyr i weld cefn y domen
yn disgyn.

* * * *

Ffyrniced yw fflamau bywyd
a mor ddiwres ei marwydos,
y rhuddo calon.
Er i'r tân droi'n fud, tân gwidw.

الوديان

ويعودُ العامُ مجدَّداً،
بالحرائقِ على سفوحِ التلال.
وفي كلِّ مرَّةٍ عودُ ثقابٍ
يقلبُ المنحدراتِ، فتغرق في السَّواد.
في نيسان،
في العامِ السّادسِ عشرَ بعد الألفين،
تشتعلُ مئاتُ الحرائق.

إلامَ يحتاجُ العابثون!
وهم يصرُّون على إهانةِ السماء،
الهاذونَ بطائراتٍ من الخلنج،
والسّاخرون من سراخسَ
ذبلتْ في فضيحةِ الهوان.

طائراتٌ بلا طيّارينَ
تُحلّقُ بعد فواتِ الأوان،
تكتشفُ بقعةً سوداءَ
في مكبِّ النّفايات
السّاقطِ على نفسِهِ كالأوهام.

ما أشرسَ نيرانَ الحياةِ!
وما أبردَ جمرَ الانتظار!
ما أقسى أن تنطفئَ الحرائقُ
ويظلَّ في القلوبِ جمرُها الذي لا يخبو.

The wasp inspector
Arolygwr y gwenyn meirch
مأمور الدبابير

Cerdd Gymraeg: Menna Elfyn
Arabic Translation/ Cyfieithiad Arabeg/ الترجمة العربية: Rawan Sukkar
English Translation/ Cyfieithiad Saesneg/ الترجمة الانجليزية: Elin ap Hywel
First Published/ Cyhoeddiad cyntaf/ نشر لأول مرة: Murmur, Bloodaxe Books (2012)

The wasp inspector

Come September,
there's a clamour of bees.
We check
our knees for creatures
dozy with the day's
malingering, who crave
human touch. We squeal
'*co, co, watsia mas*',*
words being the harmonics
they recognise, the rising of
our terrible scales.

Mid morning, we lose
our vigilante status
and, for the elevation
of poetry, we make peace.
Yet still they eavesdrop
on gatherings, intent
on stealing the show:
lisping sprung rhythms
in the air of hilarity.

In the end, there is nothing
to be done but allow them
the civility of the wasp inspector:
one who'll decide
who's paid tax
in wax,
brought honey or hurt
or bathed in both.

Then the readings return,
but, we're still thinking bees,
they insist on soliloquies.

'Be still', we sigh,
is it not enough you pass
the muse by, hiss what's missing
as we hunger for the attention
of senses,

the sting of the song?

* see, look out

Arolygwr y gwenyn meirch

Medi eto
a daw mwstwr y picwn;
anniddig ydym wrth graffu
ar freichiau, coesau
rhag ofn rhyw wagswmera.
Y rhain, sy'n ddioglyd gyda'r dydd,
am oedi ar gnawd dynol.
'*Co, co, watsia mas*',
rhediad harmonig
sy'n eu gyrru at nodau arpegio.

Ganol dydd, collwn
ein hawydd i'w gwylio,
ac er mwyn dyrchafu cerddi
fe wnawn gyfamod hedd â nhw.
Eto, parhau a wnant i glustfeinio
ar ddigwyddiadau.
Mynnant ddwyn y sylw i gyd;
odlau'n dew
yn aer y rhialtwch mawr.

Yn y diwedd, does dim i'w wneud
ond rhoi iddynt weddustra
penodi gwyliwr y gwenyn.
Un sy'n pennu
pwy a dalodd ei siâr,
mewn mêl neu fileindra,
neu a foddodd yn y ddau.

Yna, dychwelwn i ddarllen
cerddi, ond meddyliau gwenyn
sydd gennym, fel y seiniant
eu hymsonau eu hunain.

Dyheu erbyn hyn am osteg.
Onid yw'n ddigon iddynt basio
heibio'r awen a'i habsenoldeb
wrth inni ysu am sylw'r
synhwyrau,
a brathiad y gân?

Wrth inni eu dwrdio am gwrso
ein crwyn, yn dawel bach
oddi mewn, yswn
am eu dal yn ein cledrau
a'u tawelu
o'r lladdfa sydd
ar waith.

Ond un ffaith sydd,
yn hwyr neu'n hwyrach
daw'r anneddfol law – i lawr

a brathu'r gân.

مأمور الدبابير

هلمَّ سبتمبر،
ثمَّة ضجَّةٌ تحدثُها الدَّبابيرُ.
نتقصَّى أقدامَنا
بحثاً عن دخلاءِ النَّهارِ
الغارقينَ في التَّمارض،
الطامحين إلى لمسة يدٍ.
فنصرخُ
وباكتشافِ أغانينا
تثورُ موازينُنا البائسةُ.

في منتصفِ النَّهارِ،
نخسرُ صحوتَنا،
ولتعزيزِ القصائدِ،
نقطعُ عهدَ السَّلامِ.
إلّا أنَّهم يواصلونَ التَّنصتَ
على الحشودِ،
رغبةً في اختلاسِ العَرْض:
تتفشّى الإيقاعاتُ
في جوِّ المرحِ.

في منتصفِ النَّهارِ،
نخسرُ صحوتَنا،
ولتعزيزِ القصائدِ،
نقطعُ عهدَ السَّلامِ.
إلّا أنَّهم يواصلونَ التَّنصتَ
على الحشودِ،
رغبةً في اختلاسِ العَرْض:
تتفشّى الإيقاعاتُ
في جوِّ المرحِ.

في الختام، لا شيءَ لتفعلَه.
امنحهم كياسةَ مأمورِ الدَّبابير ليس إلّا:
ذلك الّذي يقرِّرُ
من يؤدي الغرامةَ
بالشَّمع،
يجلبَ العسل أو الأذى
أو يستحم بكليهما.

تعود القراءات،
ونواصل التدبّر في الدبابير،
إذ يصرّون على المناجاة.

قفْ ساكناً، وتعالَ نتحسَّر،
أليس كافياً أن نتخطَّى المنى وغيابها
لأننا نشتهي فتنة الحواسِ،
ولسع الأغنية؟

Babysitting in the crematorium
Carco yn y crem
مجالسة الأطفال في محرقة الجثث

Cerdd Gymraeg: Menna Elfyn
Arabic Translation/ Cyfieithiad Arabeg/ الترجمة العربية: Rawan Sukkar
English Translation/ Cyfieithiad Saesneg/ الترجمة الانجليزية: Elin ap Hywel
First Published/ Cyhoeddiad cyntaf/ نشر لأول مرة: Murmur, Bloodaxe Books (2012)

Babysitting in the crematorium

Such a strange place to be, little one,
a parked car on a Friday afternoon
in January, you and I claiming

this hour for ourselves. We have
a world full of fancies between our fingers,
each rattle-shake a shock,

till the sound brings a smile. And beyond us
is grief's aisle, a grave company
witness to the loved one, resting in peace.

Unlike us, then. We are unwounded,
but bound together with a sling, near
an endless earthbank. See, how easily

the moles do it. Sweet hillocks
hillfort the earth. Parties in soil,
in sheer delight of their hidden lives,

these recyclers of air delving deeper and deeper,
digging on down to the bottom of things,
drawing out each life, rebreathing each breath.

Humanity does not have this gift.
Beauty for ashes is what brings us
to this hot spot. We were born for the smoke.

But for now, my little one, sleep gently.
How eternal each second when minding a child.
And our lives from now on? Quakegrass, lightning.

Carco yn y crem

Fy mechan, lle rhyfedd i fod
ar b'nawn Gwener yn Ionawr –
mewn cerbyd stond gan haeru'r

awr inni ein hunain. Byd
llawn dychmygion sy rhwng ein dwylo,
pob rhuglyn yn syn o'i siglo

nes troi'r sain yn wên. Y tu draw in
mae eil i alar, mintai ddwys
yn dystion i un sy'n gorffwys.

Nid fel nyni. Dianafus ydym,
wedi ein rhwymo â gwregys, ger clawdd
nad oes terfyn iddi. Sbia, mor hawdd

yw ffordd gwahaddod. Twmpathau glân
yn gorseddu'r pridd. Partïon o bridd,
yn dathlu'n foddhaus eu heinioes gudd

y rhai sy'n twrio'n is ac yn is, lawr
i'r dyfnder pell wrth ail-fyw eu hanadl,
ailgylchwyr aer yn estyn pob hoedl.

Y rhin hon, nid yw'n eiddo i'r ddynolryw.
Harddwch at lwch yw'r hyn a'n dwg
i'r fangre boeth. Fe'n magwyd i'r mwg.

Ond yr awr hon, cwsg yn esmwyth fy 'mach i.
Mor dragwyddol yw ennyd o warchod plentyn.
Hyn dry weddill ein dyddiau yn fellt ar laswelltyn.

مجالسة الأطفال في محرقة الجثث

يا لَهُ من مكانٍ غريبٍ، أيَّها الصَّغيرُ،
سيارةٌ تتوقَّف ظهيرةَ جمعةٍ
وذاتَ يناير، نَدَّعي أنا وأنتَ.

هذه ساعةٌ لنا.
وبينَ أصابِعنا عالمٌ ملؤُهُ الأوهام،
وكلٌّ حشرجةٍ تهزُّ صدمة،

حتَّى يجلبَ الصَّوت ابتسامة.
وخلفنا معبرُ الحزنِ، شركاءُ الضَّريحِ
شواهد لمن تحبُّ، يهجعون بمأمنٍ.

أمَّا نحنُ فلا نقبعُ في لفائفَ،
بل بالحبالِ مقيَّدون معاً،
على شاطئِ أرضٍ بلا حدود.

ها هي السَّنادسُ الحُدُب النَّقيَّة
تُحَصِّنُ الأرضَ، وترقصُ في التُّراب،
ببهجةٍ عارمة بالحياةِ الخفيَّة،

السّاعون إلى تدويرِ الهواءِ يغوصونَ في الأعماقِ،
يحفرونَ نحو قرارِ الأشياءِ،
يستخرجون الحياةَ من شروخِ الأرضِ
يُجدِّدونَ الأنفاسَ مع كلِّ شهيقٍ.

هذه الفضيلةُ لا تنالُها البشريةُ.
والجمالُ إزاءَ الرَّمادِ
يأخذُنا إلى البقعِ السّاخنة.
إنَّما وُلدنا للدُّخانَ.

لكنّ صغيري ينامُ بهدوءٍ.
كم هي خالدةٌ لحظةُ احتضانِ طفل.
أمَّا الحياة الآن فعشبٌ وبرق.

Filthy lucre
Arian sychion
الرِّبحُ القذرُ

Cerdd Gymraeg: Menna Elfyn
Arabic Translation/ Cyfieithiad Arabeg/ الترجمة العربية: Rawan Sukkar
English Translation/ Cyfieithiad Saesneg/ الترجمة الانجليزية: Elin ap Hywel
First Published/ Cyhoeddiad cyntaf/ نشر لأول مرة: Murmur, Bloodaxe Books (2012)
(To Maha El Said)/ (i Maha El Said)/ (لمها السعيد)

Filthy lucre

(for Maha El-Said)

A man has no need to rub his hands together
for others to know his wealth is unsurpassed,
and although money begets money
riches have wings.

On the outskirts of Cairo an old woman
washes her notes each morning,
then
hangs the wet papers out to dry.

There, they will whisper and sway on the wind;
next morning,
go out into the world, purified.

If you want your money clean these days, you must
  scour it yourself.

Arian sychion

(*i Maha El Said*)

Hyd yn oed heb ei dolach yn ei ddwylo
nid oes hafal i gyfalaf ambell ŵr.
Ac er mai i'r pant y rhed y dŵr,
rhaeadr
sydd ar waelod tyle.

I hen wraig ar gyrion Cairo,
bydd yn golchi ei harian
yn foreol cyn eu rhoi
ar lein ddillad –
yn bapurau gwlybion.

Yno, byddant yn suo a siglo'n y gwynt
cyn deffro ar eu hynt yn ddi-haint.
Yn yr oes hon, rhaid sgwrio am arian
glân

الرِّبحُ القذرُ

لا حاجةَ لفركِ اليدينِ
حتَّى يدركَ الباقونَ
أنَّ رجلاً ما فاحش الثَّراءِ.
المالُ يجلب المالَ،
غير أن للثروةِ أجنحة

في ضواحي القاهرة،
كلَّ صباحٍ
تغسلُ عجوزٌ أوراقَها
وتعلِّقُها لتجفَّ.

وهناكَ
يتقاذفُها الهواءُ
فتمضي إلى الدنيا
نقيةً

لتلمَّ شعثَ أموالكَ
مشِّطها بيديكَ.

Danger's walk
Ar daith beryg
ممشى الخطر

Cerdd Gymraeg: Menna Elfyn
Arabic Translation/ Cyfieithiad Arabeg/ الترجمة العربية: Rawan Sukkar
English Translation/ Cyfieithiad Saesneg/ الترجمة الانجليزية: Elin ap Hywel
First Published/ Cyhoeddiad cyntaf/ نشر لأول مرة: Murmur, Bloodaxe Books (2012)

Danger's walk

The 'Rock', hung over
with the spirit of anguish

is in the ocean's gaze today,
a tide of reticence.

And a mountain's sentence,
La Isla de las Alcatreces!

No pelican in sight now,
only apparitions –

gulls' nests,
and visitors savouring

through their telescopes
the salty air of captivity.

San Francisco, Sacramento,
San Diego. How many saints in all?

But the 'O' on road signs
sigh with a different longing,

as we walk arm in arm
from foot to steep hill,

climbing, breathless as you retell
your life, of the gradient

and depth, a fugitive:
a verdict silences the air

– your island, one rock.

*

Back in the hotel foyer
we part, each to her own carrel.

The end of the day, and
Alcatraz, tied to all flesh

the currents, their insincere smiles
threatening still,

on San Fran's fair haven.

Ar daith beryg

Hongian uwch angau
oedd 'Y Graig',

a'r cefnfor wedi
ei hawlio yn ôl heddi.

Man a fu'n fynydd
La Isla de las Alcatreces!

Does dim pelican yn awr,
dim ond drychiolaethau.

Nythod gwylanod
ac ymwelwyr yn gwynto

trwy sbienddrychau,
heli caethiwed.

San Ffrancisco, Sacramento,
San Diego. Sawl sant sy?

Ond mae' 'O' ar arwyddion
yn ochain dyhead arall

wrth inni gerdded braich
ym mraich, o dyle i odre'r

rhiw. Yr 'O' yn loes
wrth it adrodd am dy hel o le i le,

ar herw, dy guro ar ganol stryd,
a'r ddedfryd fu'n dal yr aer yn fud

– craig dy ynys dithau.

*

Dychwelwn i gyntedd gwesty,
pob un i'w stafell sanctaidd.

Alcatraz yw cnawd pawb
ar derfyn dydd.

Cerrynt sy'n bygwth
yn wên-las ar fan gwyn San Fran.

ممشى الخطر

الصَّخرةُ المعلَّقةُ
على روحِ الألم

تدورُ في عين المحيطِ،
في مدِّ السُّكون وجزرهِ.

وفي جبلِ
لا إيسلا دي لاس ألكاتريس!

لا بجع في الأفق
وإنَّما بعض الصُّور

لأعشاشِ النَّوارسِ
وزوار الرَّياحِ

الَّذينَ يتذوَّقون عبر المناظيرِ
هواءَ العبوديةِ المالحِ.

سان فرانسيسكو، ساكر امنتور، وسان دييغو.
ما عدد القدِّيسين هناكَ؟

لكن على المسارِ
عويل آخر.

وبينما نسير ذراعاً وراءَ ذراعٍ
من قدمٍ إلى منحدرٍ

نتسلق،
وأنت تلهثُ وتستعيدُ سردَ حياتِك

من التَّردِّي والدُّنوِّ
هاربٌ
والقرارُ يكتمُ صوتَ الهواءِ

جزيرتُك - صخرةٌ واحدةٌ.

عائدونَ إلى النُّزل،
متفرقين،
كلٌّ إلى غرفتِه المقدَّسةِ.

وفي نهاية النهار
سِجن الكاترز
والتَّيارات
ترتبطُ بها أجسادُ البشر،

حيثُ لا يزالُ التَّهديدُ
موصولاً بابتساماتهم المزيَّفة

هناك على المرفأ النَّزيهِ
لسان فرانسيسكو.

Bittersweet apples
Afalau minswyn
تفاح حلو ومر

Lynette Roberts to poet husband –
'a poet's fate is to find grit in stewed apples'.

Lynette Roberts i'w gŵr oedd yn fardd –
'tynged bardd yw canfod cols mewn
afalau wedi stiwio'.

لِنيتّ روبيرتس لزوجها الشاعر–"قدَرُ الشاعرِ أن يعثرَ
على أَثَر الجَرِيشِ في هَرِيسِ التُّفَّاحِ".

Cerdd Gymraeg: Menna Elfyn
Arabic Translation/ Cyfieithiad Arabeg/ الترجمة العربية: Rawan Sukkar
English Translation/ Cyfieithiad Saesneg/ الترجمة الانجليزية: Damian Walford Davies
First Published/ Cyhoeddiad cyntaf/ نشر لأول مرة: Murmur, Bloodaxe Books (2012)

Bittersweet apples

At the core
of apples, always:
an after, a before,

as two hearts
under the branch
are grafted together:

the early blossom's
blush, the flushed
glut of fruit...

What kind, you ask,
were these?
Harvest apples,

pale grubs thrashing
at the hub?
Friendship's apples,

at their sweetest
shared?
Russet apples,

rudely flayed,
then deftly filleted,
simmered,

gurgling to stew
on the rockabye flame
of an open fire,

until delight
is spooned boiling
into a bowl,

cinder and grit
in sweetness swaddled,
the tongue deceived.

All the way
from knife to ladle,
flesh blemished

by ash and clinker.
Many a slip
'twixt pluck and lip.

At the feast's end:
nothing but the heart's
stone, dead in the throat.

Afalau minswyn

Cynt a chwedyn
sydd i afalau,
wrth i ddau

ddal gafael dan gangen.
Bydd blodau cynnar
yr afallen yn wrid.

Afalau coch y berllan,
sut rai tybed
oedd y rhai hyn?

Afalau coch cynhaeaf –
a fu cynrhon
yn crynhoi o'u mewn?

Afalau cydymaith da.
Beth sy'n rhagori ar
eu torri a'u rhannu?

Afalau coch y rhwd.
Mor frwd eu dadwisgo
o'u crwyn, tynnu 'u craidd

a'u mudferwi ar dân
agored, mwydion yn ffrit-
ffrwtian i sgwrs y fflam

nes cael enllyn, yn disgyn
i ddysgl: stiw fale chwilboeth.
Llosgi tafod, graean a grit

yn gymysg â'r melyster
nes crensian dannedd.
O dinc llwy enamel

i'r gyllell a gnewyllai,
bu'r ffrwyth yn dadlau â'r marwor.
Rhwng llaw a gwefus, diwedd pryd

yn galon garreg, sownd mewn gwddf.

تفاح حلو ومر

في نواةِ التَّفاحِ
على الدّوام:
قبلٌ وبعدُ

كما قلبين
في ظلِّ غصنٍ
يغتذيان معاً

تورُّدُ الإزهارِ المبكّرِ
فيضُ الفاكهةِ المتوهِّجةِ

تُسائلُ
من أيِ نوعٍ كان
قطيف التُّفاحً هذا؟

اليرقاتُ الشّاحبةُ
أصابتِ اللُّبَّ
من تفاحِ المودَّةِ

في أعذبِ اقتسامٍ؟
ذلك التفاحُ الخمريُّ،

بوقاحةٍ سلخوهُ
ثمَّ ببراعةٍ شرَّحوهُ
وعلى نارٍ هادئةٍ طبخوهُ

فارَ ليختمرَ
على لهبِ تهويدةِ النَّارِ المفتوحة

ريثما
تغلي اللَّذة
في الوعاء

الرَّمادُ والحصى
ملفوفون بالحلاوة
واللِّسان خدّاعٌ

على طول المدى
من السِّكين إلى المغرفة
واللحمُ تشوبهُ العيوبُ

بسببِ الرَّمادِ والحصى
تكثرُ الزَّلّاتُ
ما بين القطف والشِّفاهِ

في نهاية الوليمةِ
ليسَ إلّا صخورُ القلبِ
ميتة في الحنجرة.

The gate
Y glwyd
البوابة

Cerdd Gymraeg: Menna Elfyn
Arabic Translation/ Cyfieithiad Arabeg/ الترجمة العربية: Lara Matta
English Translation/ Cyfieithiad Saesneg/ الترجمة الانجليزية: Elin ap Hywel
First Published/ Cyhoeddiad cyntaf/ نشر لأول مرة: Bondo, Bloodaxe (2017)
(*after the Gleision colliery tragedy, 2011*)
(*wedi'r drychineb yng nglofa Gleision, 2011*)
(عقب مأساة منجم گليسيون، 2011)

The gate

Sometimes
a day like a lightning-bolt
will remind us that there's only
a breeze under the door between us and death. Yesterday,
men died, underground, and I remembered
my mother's sparing words:
1947: pit manager and foreman walking slow
down the village street towards her home.
The women watching either side of the street
to see which house was their journey's end.
But as she heard the gate close
my grandmother knew
the dark message that came with the knock on the door.

Today, I think of them both:
my mother, my grandmother, better understand
how they'd switch off any mention
of underground disasters the minute they started.
They remembered the closing of the gate.

And this afternoon, there's news
from a friend in Mumbai who tells me
of the earthquake in Sikkim; how her parents
heard its murmur in Kolkata. Near and far
gates are opening, closing,
the end of their world for some, and the world
coming closer, drawing us to it. And every
ghost of a rumour, good or bad,
murmurs that we live through bolts,
some which close, some which wound.

At the end of the day,
we gaze for a long time at the still gate.
Given the blessing of peace for today.
For today, we were given peace.

Y glwyd

Daw ambell ddydd fel bollt
yn atgof mai chwa dan ddrws
sydd rhyngom â byw. Ddoe,
glowyr dan ddaear yn trengi,
a minnau'n cofio geiriau cynnil
fy mam am reolwr y gwaith
a'r fforman yn cerdded trwy'r
pentre i'w chartre yn 1947.
Y gwragedd yn gwylio o bob tu'r stryd ,
i weld pa dŷ oedd eu cyrchfan.
Ond gwyddai mam-gu
wrth glywed y giât yn cau
beth oedd y gnoc a'r neges ddu.

Heddiw, meddyliaf am y ddwy:
mam-gu a mam; deall yn well
fel y byddent yn cau allan pob sôn
ar deledu am ddamwain dan ddaear.
Cofient hwy am y glwyd yn cau.

A'r prynhawn yma, daw newydd
gan gyfaill o Mumbai sy'n adrodd
am ddaeargryn Sikkim ac fel
y clywodd ei rhieni ei fwriad
yn Kolkata. O bell ac agos
mae clwydi'n cau ac agor,
pobl a'u byd ar ben, a'r byd
yn dod yn nes, yn tynnu arnom.
A phob chwiff o si, yn ddrwg
neu'n dda, yn murmur mai byw
trwy fyllt a wnawn, y rhai
sy'n cau, a'r rhai sy'n clwyfo.

Ac ar ddiwedd y dydd,
syllu'n hir ar y glwyd lonydd.
Hedd yn fendith am heddiw.
Am heddiw, cawsom hedd.

البوابة

في بعض الأحيان...
يأتي يومٌ، مثل وميض البرق،
ويذكّرُنا... أنه ليس بيننا وبين الموت
سوى هذا النسيم الذي يسري من تحت الباب.
بالأمسِ ...
ماتَ رِجَالٌ تَحتَ الأرضِ وتَذَكّرتُ
كَلِمَاتِ أمّي الرقيقة:
١٩٤٧: مُديرُ المنجم ورَئِيسُ العُمَّالِ يَسِيرَان
بخطًى بطيئة باتّجَاهِ مَنزِلها.
والنّسَاءُ يُرَاقِبْنَ من جَانِبَيّ الشّارعِ لِمَعرِفَةِ وجهَتِهما.
عِندَمَا سَمِعَتْ جدّتي البَوّابَةَ تُغلَقُ، أدركَتْ الرّسَالَةَ المُظلِمَةَ التي جَاءَت مع طَرقِ البَاب.
اليَوْمَ، أُفَكّرُ فِيهما: أمّي وجَدّتِي، وأتَفَهّم بشكلٍ أفضل لماذا تَجَاهَلتا مُنذُ اللّحظَةِ الأولى
أيَّ ذِكْرٍ لِلكَوَارِثِ
إذ تَذَكَّرَهما بصوتِ تلك البَوّابَةِ وهي تُغلق.
وبعدَ ظُهرِ هذا اليَومِ، وصَلَتني أنباءٌ مِن صَديقةٍ لي في مُومبَايْ تُخبرني
عن الزّلْزَالِ الذي وَقَعَ في 'سيكيم'؛ كيف أن أهلها في 'كالكوتا' سَمِعَوا هديرَه.
الأبْوَابُ
قَرِيبَةً أم بَعِيدَة،
حين تَفتَحُ وتُغلق،
تُنهي حياة البَعضِ، والعالم يُطبق علينا
وكلُ نفحة شائعة، جَيّدَة كَانَت أو سَيّئَة، تشي لنَا
بأنّنا نَعِيشُ على خط الصواعق،
بَعضُها يُهلك، وبَعضُها يُؤلم.
وفي نِهَايَةِ المَطاف، ها نحنُ نُحدّقُ مُطوّلاً في البَوّابَةِ الثّابِتة.
السّلامُ هِبَةُ اليَوم.
اليَومَ وُهِبْنَا السّلام.

Amen Amin
Amen
آمين

Cerdd Gymraeg: Menna Elfyn
Arabic Translation/ Cyfieithiad Arabeg/ الترجمة العربية: Lara Matta
English Translation/ Cyfieithiad Saesneg/ الترجمة الانجليزية: Emma Baines
First Published/ Cyhoeddiad cyntaf/ نشر لأول مرة: Welsh/Tosturi, Barddas (2022)

Amen Amin

As a child, I'd trip
along a trill of sound,
grasp amen's unshaped
chase. Prayer's end.
Gasping for my breath.

And I'd open my eyes
on the sermon's long stretch,
hushed, before the blessing
hastened last amen.
A swift service.

But 'Amen' is
forever and ever the fabric
of my 'I'. Unclear
in that early light.

Though a high tide that rose
on distance shores
in song. The word –
a lesson in language.
It takes a deeper breath

and crosses the world
in one voice –
this prayer that is creation.

And all begins and ends
with 'A' - Alpha, Omega,
Amen, Ameen, Alef, Amin
or Om; the long and sacred sound.

Soles laid bare, footprints
borne of faith; a fold
on their knees.

Those who weep at the Wailing Wall
or mourn the sick and dying.
All there, from the first buds of being,
through all 'Our Fathers' –
joined. Resounding.

Amen and Amin.

That breath of life –
all power and glory
exhaled.
A slim balm
in this age of paper
folded in an envelope.
A licked seal –
filtered spit
fitting. Word
as altar,
as key:

The spirit's sigh

spoken,
affirms
this mortal
murmur:

forever and ever,

Amen, Ar fin, Amen, Om, Ymhob
man...

Ar fin: Welsh for on the cusp of/ or almost
ymhob man: Welsh for everywhere

Amen Amin

Yn blentyn aros wnawn
am rediad o'r *ameniadau*:
disgwyl i'r weddi ddiweddu,
a'r ' amen' wedi hir aros,
anadlu ei rhyddhad.

Agor llygaid eto ,
cyn i'r llith hirfaith
ddistewi, cyn i'r fendith
ddeisyf yr amen olaf
fer – a'r oedfa ar ben.

Amen ac oes oesoedd
oedd geirfa fy magwrfa,
er mai cwestiwn oedd
oes imi, ym more oes.

Ond nid oedd taw i'r hyn
a'm dilynodd i bellafoedd:
ar goedd, y gair dwys
a'm dysgodd i ysgyfeintio,
anadl estynedig.

Dros ein byd, mae ei adlais
yn ddyhead lleisiau diderfyn
ar draws ein cread.

Amen – ameen – Alef –a –min
OM ei siant, OM OM OM – o'm min
A yn Alffa ac Omega.

Yn eu plyg ar liniau,
Yno'n droednoeth heb sandalau,
Yno'n anwylo paderau,
Yno'n llu ger y Wal sy'n wylo,
Yno'r gair olaf i'r claf ,
Yno 'cyntefin ceinaf amser'
Yno, mewn uniad o orfoledd.

Amen ac Amen

yw anadl einioes
frwd ein hoes frau
yn dalm o falm
heb femrwn.
Gair sy'n allor,
yn allwedd,
yn gymen
yn gyfewin,
selia amlen lân
i wefus – bur
a phura ein poer.

ochenaid yn yr enaid yw,

oes o raid ,
gair sy'n eiriol
i'r meidrol
yr un ysbaid
o oes oesoedd

A-min – ar fin – A M E N, OM
ymhob man...

آمين

وأنَا طِفلَة،
كُنتُ أرحَلُ بعيدًا مع امْتِدَادِ نَغمَةِ الصّوت في التّرنِيم،
لِأدرِكَ 'آمِين' العَصِيَّة، في مُطَارَدَةٍ مُبهَمة، بلا مَلامِح
تَنتهي الصّلاةُ، وأنَا عَلَى النّفَسِ الأخِير،
ثمّ أفتَحُ عَيْنَيَّ، في نِهَايَةِ العِظَةِ الطّويلَة، قَبْلَ البَرَكَةِ النّهَائيّة،
ثمّةَ 'آمِين' خَافِتَة أخِيرَة ... تَمُرُّ عَلَى عَجَل
ويَنتَهي القُدّاسُ. خِدمَةٌ سَرِيعَة.

لكِنَّ 'آمِين' كَانَت دائمًا وأبَدًا
"نَسِيجَ الأنَا"، وبَاكُورَةَ ذَاتِي،
وإنْ لَمْ تَظهَر مَعَالِمُهَا في ذاك النُّورِ الأوَّلِيّ،
بالرّغمِ مِنِ امْتِدَادِ النَغمَةِ، كَتَرنِيمَة،
إلَى شَوَاطِئ بَعِيدَةٍ، لا تَزَالُ الكَلِمَةُ دَرسًا في اللّغة.
وهَا هِيَ تأخُذُ نفَسًا عَمِيقًا، ثمّ تَعبُرُ العَالَمَ بِصَوْتٍ وَاحِد -
تِلْكَ الصَّلاةُ، هِيَ صَلاةُ الخَلْقِ، وكُلُّ شَيْءٍ يَبْدأ ويَنْتَهِي بِحَرفِ الألِفِ:
"ألِف" -ألفا، أوميغا، إيمِن، أمِين، آمِيين، " أ "، آمين أو "أوم"؛ الصّوتُ المَدِيدُ والمُقدّس.

فَالسّاجِدون حُفَاةً، بِبَاطِنِ أقدامٍ مَكْشُوفَةٍ، دَمْغَى بآثَارِ التّقوَى
وأولئِكَ الذِينَ يَبْكُونَ عِندَ حَائِطِ المَبْكَى، أو يَرْثونَ المَرْضَى والمُحتَضِرِين.
الكُلُّ هُنَاكَ، مِن بَرَاعِمِ الوُجُودِ الأُولَى، وعَبْرَ كُلّ "آبَائِنَا"، مُنضَمّينَ – مَعًا سَوِيّة.
يَتَرَدّدُ الصّوتُ مُدَوّيًا: "إيمِن" وآمِين: نَفَسُ الحَيَاة - زَفِيرُ القُوّةِ والمَجْد.
بَلْسَمٌ رَقِيقٌ، في عَصرِ الوَرَقِ هذا، مَطوِيٌّ في مَظرُوف،
مَعَ خَتْمٍ مَلْغُوقٍ، وبَصقَةٍ مُفَلْتَرَةٍ مُنَاسِبَة
هِي كَلِمَةٌ تَلِيقُ.. كَمِثلِ مَذبَحِ الصّلاةِ، كَمِثلِ مفتَاح
إنّ تنهيدة الرّوحِ تُؤَكّدُ هذا الهَمْس القَاتِل: إلى أبدِ الآبِدين،

أمين، *Ar fin*
على حَدِّ السّيْفِ، أمين، أوم، أوميجا،
Ymhob man
في كُلّ مَكَان.

Biography

Menna Elfyn

An award winning bilingual poet and playwright whose fifteen collections in Welsh and English has achieved worldwide acclaim. Some of her collections include: *Perffaith Nam/ Perfect Blemish* (2007) *Murmur* (2012 PBS Recommended Translation), *Bondo* (2017) *by Bloodaxe Books* and her most recent Welsh language *Tosturi* (2022) *Barddas* was shortlisted for Wales Book of the Year 2023.

She is President of Wales PEN Cymru and Professor Emerita of Poetry at University of Wales Trinity Saint David, She was made Welsh Children's Poet Laureate in 2002.

Winner of many awards: *Aderyn Bach mewn Llaw*, was Welsh Book of the Year in 1990. She received the *Anima Intranza*, International Foreign Poetry Prize in 2009, for her contribution to European poetry, She received a Cholmondeley award from the Society of Authors Great Britain in 2022. She is also a Fellow of the Royal Society of Literature, and the first poet writing in the Welsh language to receive such a recognition.

She is the best known and the most travelled of all Welsh poets and her work has been translated into over 20 languages including: Chinese, Spanish, Italian, Lithuanian, Catalan and Hindi. She performs her work mostly in English and Welsh and has adopted a unique style by interweaving the musicality of Welsh and English translations, and in so doing reflecting the cultural diversity of Wales to the world and beyond.

Website: mennaelfyn.co.uk

Bywgraffiad
Menna Elfyn

Bardd a dramodydd arobryn sydd wedi cyhoeddi pymtheg cyfrol o farddoniaeth yn Gymraeg a Saesneg. Rhai o'i chyfrolau yw *Perffaith Nam/ Perfect Blemish* (2007), *Murmur* (*2012 PBS Recommended Translation*), *Bondo*, (2017), Bloodaxe Books, a *Tosturi* (2022), *Barddas*, a ddewiswyd ar restr Llyfr y Flwyddyn.

Mae'n Llywydd Wales PEN Cymru ac yn Athro Emerita ym Mhrifysgol Cymru, Y Drindod Dewi Sant. Fe'i gwnaed yn Fardd Plant Cymru yn 2002 ac yn Athro Barddoniaeth yn 2014.

Enillodd Llyfr y Flwyddyn yn 1990 am *Aderyn Bach mewn Llaw* a Gwobr *Anima Intranza* (2009) am ei chyfraniad fel bardd i farddoniaeth Ewropeaidd. Derbyniodd wobr 'Cholmondeley' gan y 'Society of Authors' yn 2022. Mae'n Gymrawd y Gymdeithas Frenhinol Lenyddol, a'r bardd Cymraeg cyntaf i dderbyn yr anrhydedd yn 2017.

Teithiodd i bedwar ban byd i ddarllen ei gwaith ac mae ei barddoniaeth wedi ei chyfieithu i dros ugain o ieithoedd: O Tsieineeg, Sbaeneg, Eidaleg Lithiwaneg, Catalaneg, Hindi ac eraill. Llwydda i gyfuno darllen ei gwaith pan yw dramor mewn modd unigryw drwy gyfuno elfennau soniarus y Gymraeg gyda'r Saesneg ac wrth wneud hynny, llwydda i adlewyrchu naws amrywiol ac amlieithog ei gwlad i'r byd.

Gwefan: mennaelfyn.co.uk

مدونة مِينّا إلِفِنْ

شاعرة وكاتبة مسرح ثنائية اللغة، حازت على جوائز عديدة، ولقيت مجموعاتها الخمس عشرة بالويلزية والإنجليزية شهرة عالمية. من أبرز أعمالها: Perffaith Nam/ Perfect Blemish (عيب مثالي)، الصادر عام (2007)، و Murmur (همس) الحائز على توصية خاصة من PBS، عام (2012)، و Bondo (رابطة)، المنشورة عبر Bloodax Book، عام (2017)، وأحدث مجموعاتها بالويلزية Tosturi (رحمة)، الصادرة عام (2022) عن دار Barddas، والتي تم إدراجها في القائمة المختصرة لجائزة كتاب العام في ويلز.

تشغل مِينّا منصب رئيسة منظمة PEN Cymru (القلم الويلزي)، وهي عضو هيئة التدريس الفخرية للشعر في جامعة ويلز ترينيتي سانت ديفيد، وقد اختيرت كشاعرة ويلز للأطفال عام (2002).

نالت جوائزعدة، ومنها: Aderyn Bach mewn Llaw (عصفور صغير في اليد)، كتاب ويلز لعام (1990). كما حازت على Anima Intranza ، وهي جائزة الشعر الأجنبي الدولية لعام (2009)، عن مساهمتها في الشعر الأوروبي. وحصلت على جائزة Chomondeley من جمعية المؤلفين في بريطانيا العظمى لعام (2022). وهي أيضًا زميلة الجمعية الملكية للأدب، وأول شاعرة تكتب بالويلزية تحصل على هذا التقدير.

مِينّا إلِفِنْ هي الشاعرة الويلزية الأكثر سفرًا وشهرة، حيث تُرجمت أعمالها إلى ما يزيد عن عشرين لغة؛ بما فيها: الصينية والإسبانية والإيطالية والليتوانية والكتالونية والهندية. وبينما تقدم أعمالها عادةً بالويلزية والإنجليزية، فإنها تعتمد أسلوبًا فريدًا يمزج موسيقى اللغتين في ترجماتها، فتعكس للعالم أجمع ما هو أبعد من التنوع الثقافي لويلز.

موقع الويب: *mennaelfyn.co.uk*

Biography

Rawan Sukkar

Rawan is a distinguished British-Syrian writer with a doctorate in Arabic Language and Literature from Damascus University. She is also a renowned artist and her paintings and poetry have been widely exhibited to great acclaim; they reflect an intensely responsive imagination. Her work in creative translation has been described as that of deepening the understanding of the Arabic language and culture. She is well versed in the art of translation and blends her academic life with creativity. Her collaboration with the poet Menna Elfyn has indeed been rewarding for both the Welsh poet and her own gift as a writer. She now resides in Cardiff with her family.

Bywgraffiad

Rawan Sukkar

Mae Rawan yn awdur Syriaidd-Prydeinig gyda doethuriaeth mewn iaith a llenyddiaeth Arabaidd o Brifysgol Damascus. Ar wahân i'w gwaith ysgolheigaidd, mae hi hefyd wedi ennill clod gyda'i phaentiadau a'i barddoniaeth, rhai sydd yn arddangos dychymyg effro. Disgrifiwyd ei gwaith o gyfieithu yn greadigol fel dull sy'n dyfnhau dealltwriaeth o'r iaith a'r diwylliant Arabaidd. Cyfuna ei byd academaidd gyda'i gwaith creadigol. Bu cydweithio gyda Menna Elfyn yn wir yn fendithiol i'r naill a'r llall wrth rannu eu doniau arbennig. Mae hi yn awr yn byw yng Nghaerdydd gyda ei theulu.

مُدونة روان سكّر

روان كاتبة بريطانية - سورية مرموقة، تحمل درجة الدكتوراه في اللغة العربية وآدابها من جامعة دمشق. هي أيضًا فنانة مشهورة، عُرضت لوحاتها وقصائدها الشعرية على نطاق واسع، وحظيت بإشادة كبيرة؛ إذ تعكس خيالًا مفعمًا بالتفاعل مع الحياة. وُصف عملها في الترجمة الإبداعية بأنه يسعى إلى تعميق فهم اللغة والثقافة العربية. وهي على دراية جيدة بفن الترجمة، وتمزج خبرتها الأكاديمية بالإبداع. كان تعاونها مع الشاعرة مِينّا إلِفِنْ مجزيًا حقًّا لكل من الشاعرة الويلزية وموهبتها ككاتبة. وهي تقيم في كارديف مع عائلتها في الوقت الراهن.

Biography

Lara Matta

A translator of Arabic, English and French. Her doctorate in Comparative Literature from the University of Massachusetts Amherst is only one of her many achievements and degrees along with those from Université Paul Valery in France as well as from Lebanese University, and Cornell University. As Assistant Director of the Translation Center at the University of Massachusetts, Amherst and editor in chief of the prestigious magazine on Literary Translation *Metamorphoses, the journal of the Five College Faculty Seminar* comprised of Amherst College, Hampshire College, Mount Holyoke College, Smith College and the University of Massachusetts Amherst, is indeed a virtuoso in the art of translation and since hearing Menna Elfyn read in the US in 2012, she has for over a decade translated her work into Arabic.

Bywgraffiad

Lara Matta

Mae Lara Matta yn gyfieithydd Arabeg, Saesneg a Ffrangeg. Cafodd ddoethuriaeth mewn Llenyddiaeth Gymharol ym Mhrifysgol Massachusetts, Amherst. Enillodd hefyd raddau o Brifysgol Paul Valery yn Ffrainc a Phrifysgolion Libanus a Cornell. Mae'n Gyfarwyddydd Cynorthwyol yn y Ganolfan Gyfieithu ym Mhrifysgol Massachusetts, Amherst a hi yw golygdd y cylchgrawn aruchel ar Gyfieithu Llenydddol sef *Metamorphoses, the Journal of Five College Faculty Seminar* sy'n cynnwys colegau Amherst, Hampshire, Mount Holyoke, Smith a Phrifysgol Massachusetts, Amherst. Fel cyfieithydd uchel ei pharch, wedi iddi glywed Menna Elfyn yn darllen ei gwaith yn America yn 2012, aeth ati i'w throsi i'r Arabeg a hynny dros gyfnod o ddeng mlynedd.

مُدونة لارا متّى

مترجمة للغات العربية والإنجليزية والفرنسية. حصلت على درجة الدكتوراه في الأدب المقارن من جامعة ماساتشوستس أمهرست، وهي واحدة من إنجازاتها العديدة، بالإضافة الى شهادات من جامعة بول فاليري في فرنسا، والجامعة اللبنانية، وجامعة كورنيل الاميركية. بصفتها مديرة مساعدة لمركز الترجمة في جامعة ماساتشوستس أمهرست ورئيسة تحرير "ميتامورفوسيس"، وهي المجلة المرموقة في مجال الترجمة الأدبية الصادرة عن ندوة أعضاء هيئة التدريس للكليات الخمس التي تضم أمهرست، هامبشير، ماونت هوليوك، وسميث، وجامعة ماساتشوستس، لارا فنانة بارعة في فن الترجمة. ومنذ أن استمعت إلى مِينّا إلفِنْ في الولايات المتحدة عام 2012، قامت بترجمة أعمالها إلى اللغة العربية.

Acknowledgements

Grateful acknowledgement is made to Rawan Sukkar and Lara Matta for their dedication and tenacity in translating my poems from previous collections published by Bloodaxe Books: *Perffaith Nam/ Perfect Blemish* (2007); *Murmur* (PBS Recommended Translation, 2012) and Bondo (2017).

I'm also grateful that the English translations of my poems from such eminent poets as Gillian Clarke, Elin ap Hywel, Damian Walford Davies, Paul Henry and Emma Baines has given them a glimpse of my 'Cymraeg' (Welsh language) poems.

My deep gratitude also to Ali Anwar, Iraqi – Welshman and distinguished publisher of the H'mm Foundation for his enthusiasm and delight in seeing my work appear at last in his Arabic – mother tongue. Arriving in three languages requires a great deal of negotiation, being open to new possibilities and understanding.

My deepest thanks for those who have made these poems 'Welsh airs': Caned Pobl y Byd – Let the World's people sing was adapted in order to make this collection a chorus of voices singing the world alive.

My Special thanks to Dunya Mikhail, Fadia Faqir and Maram Al Masri for their friendship and for sending kind words for the back cover of this book.

I'm also grateful to both publishers Bloodaxe Books and Barddas for their permission to republish the poems in this volume.

And we are grateful to Andy Dark for putting this book together.

Diolchiadau

Carwn ddiolch i Rawan Sukkar a Lara Matta am eu hymroddiad a'u dycnwch wrth gyfieithu'r cerddi o gyfrolau blaenorol a gyhoeddwyd gan Wasg Bloodaxe, a Chyhoeddiadau Barddas: *Perffaith Nam* (2007); *Murmur* (Gwobr Cymeradwyo Cyfieithu'r PBS, 2012) a Bondo (2017).

Diolch hefyd i'r cyfieithwyr am drosi fy ngherddi, a hynny o law beirdd enwog megis Gillian Clarke, Elin ap Hywel, Damian Walford Davies, Paul Henry ac Emma Baines. Llwyddo a wnaethant i roi cipolwg i'r cyfieithwyr o'r cerddi Cymraeg.

Mae fy niolch hefyd i Ali Anwar, brodor o Irac a Chymro bellach am ei waith fel cyhoeddwr nodedig yr H'mm Foundation. Gwerthfawrogaf ei frwdfrydedd a'i fwynhad o weld fy ngwaith yn ymddangos o'r diwedd yn ei famiaith, sef Arabeg. Llwyddwyd i gyrraedd y lan mewn tair iaith drwy gyd-drafod a chyd-ddeall holl bosibiliadau'r tir newydd.

Gwethfawrogaf felly bawb a fu ynghlwm wrth droi y cerddi a'r ceinciau Cymraeg i'r Arabeg. Cymhwyswyd 'Caned Pobl y Byd'- er mwyn gwneud y casgliad hwn fel corws o leisiau sydd yn canu'r byd gydag afiaith.

Fy niolch arbennig i i Dunya Mikhail, Fadia Faqir, a Maram Al Masri am eu chwaeroliaeth a'u geiriau caredig o gymeradwyaeth.

Diolch eto i'r gweisg Bloodaxe a Barddas am ganiatâd i ailgyhoeddi'r cerddi yn y gyfrol hon.

A diolch i Andy Dark am roi'r cyfan at ei gilydd.

الشكر والتقدير

أود أن أتقدم بالشكر الجزيل إلى روان سكَّر ولارا متّى على إخلاصهما ومثابرتهما في ترجمة قصائدي من مجموعات سابقة نشرتها دار بلوداكس للنشر: پيرفيذ نام/ پيرفكت بليميش (2007)؛ ومورمور (ترجمة موصى بها من بي بي إس، 2012) وبوندو (2017).

وأعرب عن امتناني للشعراء البارزين الذين ترجموا قصائدي إلى الإنكليزية، ومنهم: جيليان كلارك، إلين آب هويل، داميان ولفورد ديفيز، و پول هنري، إذ أتاحوا عبر ترجماتهم لمحات عن شعري باللغة الويلزية.

وأتوجه بخالص الشكر إلى علي أنور، العراقي - الويلزي والناشر المتميز لمؤسسة هِم، على حماسه وسعادته برؤية عملي يظهر أخيرًا بلغته الأم، العربية. إن نقل القصائد عبر ثلاث لغات يتطلب قدرًا كبيراً من التفاوض والانفتاح على أفاق جديدة وروح التفاهم.

جزيل شكري لكل من ساهم في تكييف القصائد "Caned Pobl y Byd" – " Let the World's People Sing" "فلندع شعوب العالم تغني" ليجعلوا هذه المجموعة جوقة من الأصوات التي تحتفي بالحياة في العالم.

شكري الخاص إلى دنيا ميخائيل، فادية فقير و مرام المصري على صداقتهن وكلماتهن الطيبة للغلاف الخلفي لهذا الكتاب.

كما أعرب عن امتناني لداري النشر "بلوداكس" و "بارداس" لمنحهما الإذن بإعادة نشر القصائد في هذا المجلد.

ونحن ممتنون أيضًا لآندي دارك على جهوده في جمع هذا الكتاب.

Other publications from the H'mm Foundation

Encounters with Nigel Jenkins
Edited by Jon Gower

CONTRIBUTORS:
Edwina Hart AM, John Barnie, Stevie Davies, Steve Griffiths, Angharad Jenkins and Branwen Jenkins, Noel Witts, Deborah Llewelyn, Robert Minhinnick, Peter Finch, John Davies, Menna Elfyn, Delyth Jenkins, Daniel G. Williams, Dave Hughes, Margo Morgan, Janet Dube, Jane James, Steve Griffiths, Ivor McGregor, Benjamin Palmer, Dave Oprava, Iwan Bala and Twm Morys, Janice Moore Fuller, Mike Parker and Ceri Wyn Jones, Ifor Thomas, Jane Fraser, Martyn Jenkins, Carey Knox, Steve Dube, Humberto Gatica, Tom Jenkins, D.J. Britton, Fflur Dafydd, Anne Lauppe-Dunbar, M. Wynn Thomas, Jon Gower and Peter Gruffydd.

ISBN978-0-9927560-4-8

A Fiction Map of Wales
Edited by John Lavin

CONTRIBUTORS:
Rachel Trezise, Thomas Morris, Stevie Davies, Cynan Jones, Francesca Rhydderch, Joao Morais, Jon Gower, Rhian Elizabeth, Carly Holmes, Lloyd Jones, Gary Raymond, Tyler Keevil, Richard Redman, Georgia Carys Williams, Rhian Edwards, Rhys Milsom, Dic Edwards, Linda Ruhmeman, Richard Gwyn, Kate Hamer and Robert Minhinnick.

ISBN 978-0-9927560-6-2

Encounters with R.S. Thomas
Edited by John Barnie

CONTRIBUTORS:
Gillian Clarke, Fflur Dafydd, Grahame Davies, Gwyneth Lewis, Peter Finch, Jon Gower, Menna Elfyn, Osi Rhys Osmond, Jeff Towns, Archbishop of Wales Barry Morgan, M. Wynn Thomas and First Minister of Scotland Alex Salmond.

ISBN 978-0-9927560-0-0

Encounters with Dylan Thomas
Edited by Jon Gower

CONTRIBUTORS:
Rachel Trezise, Michael Bogdanov, Kaite O'Reilly, D.J. Britton, Dafydd Elis-Thomas AM, Dai George, Sarah Gridley, Sarah King, Jeff Towns, George Tremlett, Steve Groves, Gary Raymond, Guy Masterson, Jon Gower, Horatio Clare and Andrew Lycett.

ISBN 978-0-9927560-2-4

Encounters with Osi
Essays about Osi Rhys Osmond, edited by Iwan Bala and Hilary Rhys Osmond.

CONTRIBUTORS:
Iwan Bala, Hilary Rhys Osmond, Ivor Davies, David Alston, M. Wynn Thomas, John Osmond, Christine Kinsey, Dai Smith, Karl Francis, Wyn Morris, David Parfitt, Mick and Thea Arnold, Hedley Jones, Noelle Francis, Susanne Schüeli, Teilo Trimble, Bella Kerr, Steve Wilson, Sam Vicary, Tina Carr, Siân Lewis, Nathan Osmond, Sara Rhys-Martin, Luke Osmond, Simon Thirsk, Lynne Crompton, Gwenan Rhys Price, Linda Sonntag, Rolf Jucker, Ché Osmond, Macsen Osmond, Colin Brewster, Ben Dressel, Megan Crofton, Lesley Davies, Beverley Oosthuizen-Jones, John Barnie, Menna Elfyn, Richard Pawelko and Mary Simmonds, Bethan John, Mererid Hopwood, Ann Oosthuizen,

ISBN 978-0-9927560-9-3

Other publications from the H'mm Foundation

**Encounters
with John Selway**
By Jon Gower

CONTRIBUTORS:
Paul Bowen, Derek Butler, Ivor Davies, Ken Elias, Richard Frame, Karl Francis, Brian Gardiner, Jonathan Glasbrook-Griffiths, Robert Alwyn Hughes, Alison Howard, David Hurn, Julian Meek, Phil Muirden, Osi Rhys Osmond, Brian Rice, Dai Smith, Marion Sprackling, Norman Toynton, Keith Underwood, Peter Wakelin, Phil Watkins, Roger and Den Wolfe.

ISBN 978-1-9999522-0-4

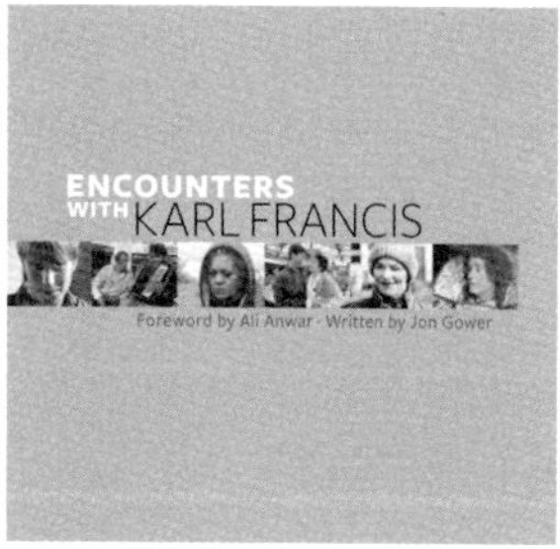

Encounters with Karl Francis

CONTRIBUTORS:
Foreword by Ali Anwar, written by Jon Gower

ISBN 978-1-9999522-1-1

Nigel Jenkins
Damned for Dreaming and other essays

CONTRIBUTORS:
Foreword by Ali Anwar and Jon Gower

ISBN 978-1-9999522-8-0

Osi Rhys Osmond
Cultural Alzheimers and other essays

CONTRIBUTORS:
Foreword by M. Wynn Thomas and Ali Anwar

ISBN 978-1-9999522-9-7

Wicked Words
£2.95

In partnership with The Wales Millenium Centre in 2015

ISBN 978-0-9927560-7-9

Other publications from the H'mm Foundation

HON 2022
Artistiaid Benywaidd
Yng Nghymru
Women Artists In Wales

ARTISTIAID/ARTISTS
Marian Delyth
Sadia Pineda Hameed
Angharad Pearce Jones
Julia Griffiths Jones
Christine Kinsey
Sian Parri
Sarah Rhys
Catrin Webster
Sarah Williams
Sarah Younan

Editor Christine Kinsey
Introduction by Menna Elfyn
and Ali Anwar

ISBN 978-1-9999522-6-6

Truth, Lies & Alibis
Encounters with
Christine Kinsey

Foreword by Ali Anwar and
M. Wynn Thomas.
Introduction by Menna Elfyn

ISBN 978-1-9999522-5-9

IMPACT*Ardrawiad*
Angharad Pearce Jones

Foreword by Ffion Rhys
Afterword by Ali Anwar

CONTRIBUTORS:
Dylan Huw, Beca Brown

ISBN 978-1-9999522-2-8

Shaping Art in Wales
Ceri Thomas

Foreword by Karen Mackinnon

ISBN 978-1-9999522-3-5

Other publications from the H'mm Foundation

Gaynor Funnell
Penbanc: Notes from a Welsh Farmhouse

Foreword by Jon Gower and Ali Anwar

ISBN 978-1-9999522-4-2

Margaret Jones a Dawn Chwedleua Gweledol
Margaret Jones and the Art of Visual Storytelling
Peter Sevenson

ISBN 978-1-0685053-5-5

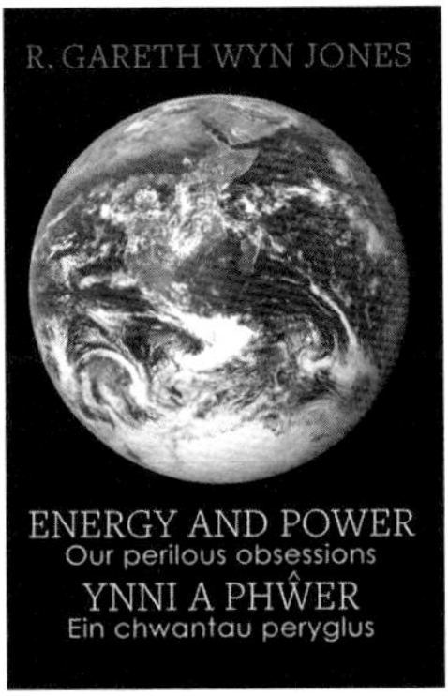

Energy and Power
Our perilous obsessions

R. Gareth Wyn Jones

Foreword by Mark Mansfield

Preface by Robin Grove-White

ISBN 978-1-0685053-0-0

I have nothing to say, only to show
Does gen i ddim byd i'w ddweud,
dim ond i'w ddangos
David Garner

Introduction by Alfredo Cramerotti
Foreword by Hugh Adams
Essay by Sacha Craddock
Interview by Jon Gower

ISBN 978-1-0685053-3-1

Other publications from the H'mm Foundation

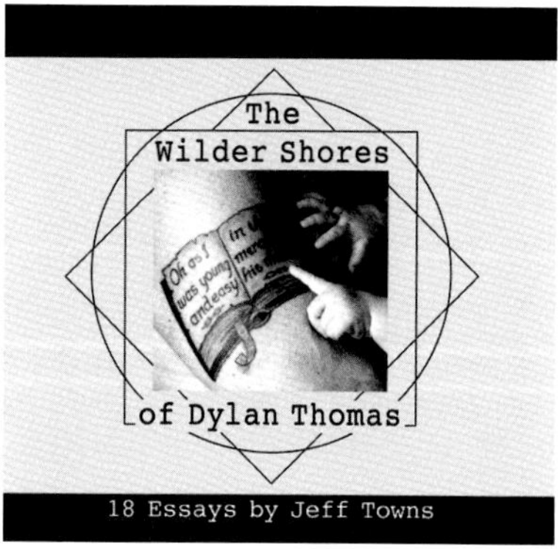

The Wilder Shores of Dylan Thomas
Jeff Towns

Foreword by Jon Gower
ISBN 978-1-0685053-1-7

The H'mm Foundation is:
c/o Bevan Buckland, Langdon House,
Langdon Road, Swansea SA1 8QY.
info@thehmmfoundation.co.uk
www.thehmmfoundation.co.uk

H'MM
12th ANNIVERSARY